諾貝爾和平獎得主

凱拉許・沙提雅提

爲孩子奮鬥的決心

程敏淑——譯

Kailash Satyarthi Will For Childre

「讓孩子能自由自在地當個孩子，是我一生的夢想。」

—凱拉許·沙提雅提

Welcome

微客
We're
TAIWAN

目錄

推薦序一

田中光（中華民國外交部政務次長、前駐印度代表處大使）

結識二〇一四年印度諾貝爾和平獎得獎人沙提雅提（Kailash Satyarthi）是一個必然的偶然

二〇一四年十月十日在印度首都德里HYATT酒店主持一〇三年中華民國國慶酒會時，一向工作勤奮、一馬當先的中央社派駐印度特派員何宏儒並未到現場採訪，極不尋常。次日通話，得知何君是日奉台北總公司指示，採訪印度獨立後首位土生土長諾貝爾和平獎得主，沙提雅提。何君很興奮的告訴我，他是第一位訪問到沙提雅提的外國記者，而且更令人驚訝及欣慰的是，當他自我介紹是來自台灣中央社的記者時，沙提雅提很歡喜的說：「I

Love Taiwan, I Love Taiwanes.” 他的回答不用 I Know Taiwan，而用 Love，必有其緣由。結束通話後，經過探討，原來在過去五年來，台灣相當多的公益團體每年都有年輕志工前來印度加入沙提雅提創辦的「拯救童工基金會」（Bachpan Bachao Andolan）一起工作，五年來有不下百位的台灣年輕志工投身ＢＢＡ的工作，也和沙提雅提夫婦建立了非常親近的關係，沙提雅提稱他們為「我在台灣的孩子們」，而台灣的年輕朋友則叫他們夫婦為「我們在印度的爸媽」。有了這一層關係，數日後我和何宏儒前往沙提雅提的辦公室拜會並致賀。

為了找尋他的辦公室，在彎曲老舊的小巷中穿梭尋覓多時，終於找到。誠如唐朝著名詩人劉禹錫在其著作「陋室銘」中所述：「山不在高，有仙則名；水不在深，有龍則靈。斯是陋室，惟吾德馨。」他的辦公室雖小，傢俱不多，但甚為雅淨，旁邊一間會議室，也多有年輕人進出，對來訪者都是雙掌合十，點頭微笑，執禮甚恭。

初見沙提雅提，英俊挺拔，留著小鬍，灰白短髮，身著印度傳統純白色棉布庫塔帕加瑪（Kurta Pajama），脖子上圍著一條米色羊毛圍巾，氣定神閒，眼光柔和但堅定，坐定後經沙君提及其為拯救受虐童工，過程極為險惡，數度遭黑道、不法之徒暴力脅迫，打得頭破血流，而不為所動，反而更堅持自己的理想，至今至少解救了八萬多名受虐童工。其過程之長之苦，實非外人所能體會，尤以沙君家世良好，大學畢業於熱門理工科系，本來能夠找到一分優渥待遇工作，結婚生子，過著令人羨慕的上層社會生活。惟源於自幼發現同齡孩子無鞋可穿，無校可上，而埋入了一顆欲改變此一現象的「叛逆」種子。若不是有一個堅毅的信念和一個全力支持的「牽手」蘇美達 (Sumedha Kailash) 相互扶持，相互打氣，陋室粗食，這顆種子不可能萌芽，茁壯，長成遮蔭大樹，庇護了八萬多個受虐童工。當我提出要邀請他們夫婦訪問台灣時，沙提雅提毫不考慮的立刻答應，並表示要到台灣去看他們的孩子們！事後得知沙提雅提得到諾貝爾和平獎後，邀請信函已達一千多件！他笑說若不是我提早邀請，恐怕要幾年後才能夠訪問台灣呢！

沙君訪台之日正逢他生日，我和內人特請華航準備一生日蛋糕，飛機行至台灣上空時由空姐推出，沙君夫婦及隨員倍感驚喜，我們大家依印度的習俗相互餵蛋糕，以為慶祝，若干同機乘客也分享到蛋糕並祝沙君生日快樂。這趟旅程充滿溫馨。

沙君在台灣的行程安排得緊湊又有意義，除了晉見前總統馬英九外，並由中央社主辦，在張榮發基金會發表演講，同時與錢君復先生對談——一位是諾貝爾和平獎得獎人，一位是國內最負盛名之外交家，擦出甚多的智慧火花。在走訪微客公益行動協會及伊甸基金會時，年輕朋友圍著他們席地而坐話家常，就如同久別重逢的家人聚首，溫暖動人。沙提雅提在清華大學的演講由賀陳宏校長主持，張忠謀夫人張淑芬引言，翁文祺董事長介紹，而我本人作結語。清大禮堂坐無虛席，學生引領企聽，沙君用其平穩深沉又帶有感性的聲音述說他的理念、挫折、堅持以及永無休止的精神，勇往直前追尋理想，全場鴉雀無聲的聆聽，直到最後才爆出了熱烈的掌聲，久久不能停止。當我作結語時，引用了他所說的一句話：「諾貝爾獎對我而言只是一個逗點（Comma），直到所有的受虐童工事件消弭後，它才是句點（Full Stop）」作為結束，第二天報章就用這句話作標題。他事後問我從哪裡看到這句話？我說是我從相關資料中找到的，他答說他自己都忘了這一句，很感動我還記得，兩人相視而笑。

隨後花蓮之行，走訪了慈濟精舍，也對慈濟志工發表演說，闡述其對BBA設立之心歷路程和宗教慈悲之情懷，相信聆聽的志工們更加深信念而投入慈善的工作。由太魯閣前往天祥的路上，風景時而幽靜，時而呈現鬼斧神工，巨石屹立在溪水之中，展現出中流砥柱之堅忍精神，撼動人心，沿途停停走走，有甚多遊客駐足與沙君攝影留念。是夜晚仰望天祥天空，群星閃爍，清風徐來，四周除了夜蟲及立霧溪的潺潺水流聲，一片寂靜。沙君長舒了一口氣說：「這是我這麼多年來最平靜及值得懷念的夜晚，謝謝安排。」「謝謝你的貢獻及來訪。」我回答。

沙君最著名的救虐童行動包括一九九八發起的「全球反對童工」八萬公里長征，橫跨全球一〇三個國家，喚醒全球對此議題的重視，二〇一七年又針對兒童人口販運及性侵之事件，引領印度全國年輕朋友步行一萬九千公里、歷時三十五天之長征，廣受全球之關注。好萊塢歷時兩年所拍攝沙君奮鬥紀錄片「The Price of Free」也在網路上廣為流傳，觀看者無一不為沙君之堅忍奮鬥而動容。我國政府及民間團體對沙君的付出也作出貢獻，企盼其目標早日實現。祝福您們，沙提雅提及蘇美達。

推薦序二

文／朱永祥 微客公益行動協會 創辦人

二〇一四年十月十日當天晚上，我因為出版自己的第一本書而受邀坐在電台的錄音間裡，接受主持人的現場直播採訪，訪問過程中主持人插播報導了當日的新聞要點，只看著主持人拿著手稿照著唸，我已經開始腦子放空，突然從麥可風的那端傳來主持人說著：「今年諾貝爾和平獎是一名來自印度的得主沙提雅提先生，三十多年來他致力於拯救近八萬多名童工……」

聽到這一段報導，我回過神來，立刻拿起手機私訊敲了我在印度多年的老友凱拉許，告訴他說：「嗨，今年夏天微客志工又去你那叨擾啦，上回談到的友善兒童村莊計畫進行得如何，要不我明年的冬天跟著梯隊一起去找你，咱們再來討論看看微客志工們的服務還有哪裡需要調整的地方。喔，對了！剛剛聽說印度今年有個傢伙得到諾貝爾和平獎，有趣的是那個人做的事情居然跟你做的一樣耶。」打完那段文字，後面附上了一張柴犬捧著肚子大笑的圖，之後就關起手機，繼續著下一段的訪問。

下了節目之後，才打開手機，有一封未讀的私訊通知立刻響起，正是凱拉許發過來的訊息。

「嗨，SEAN（我的英文名字），好久不見，台灣微客的志工都好嗎，我和蘇美達（凱拉許的妻子）都很想念大家，歡迎隨時來，忘了告訴你，我的姓氏是沙提雅提，凱拉許是我的名字。我想你們台灣新聞報導的那位得獎傢伙應該就是我吧。」訊息後面也附上了一張無奈狀的搞笑圖案。

我驚訝地看著凱拉許發來的訊息，回覆說：「哇！這也太酷了吧，怎麼樣，得獎的感覺如何？」

凱拉許回了我的訊息，他說：「這三十多年來，認真關注童工的不過八千多人，但今天我的臉書湧進了超過八萬多人，我想這是一件好事。」

隔天召集了微客的重要幹部，立馬飛往德里恭賀我們在印度的老朋友獲獎，到了他家之後，他像平常那樣逗著我們呵呵大笑，強迫著餵大家一定要吃他削好的水果，一樣穿著那套似乎永遠不變的白色長袍，完全沒有覺得坐在對面的那位才剛剛榮獲了諾貝爾和平獎。

當他帶著我們走進熟悉不過的服務據點時，孩子們像往常那般地湧了上來，他走到一位剛剛才被拯救出來，蜷曲躲在角落的一個瘦弱孩子，將他抱起來，然後對他說：「孩子，不用再害怕了，因為今天就是你重生的日子。」

對孩子和微客志工們而言，凱拉許無論是否得此殊榮，這三十年來如同一日。

在台灣，絕大多數的人們並不知道全球嚴重的童工議題，因為鮮少人關心，甚至媒體也很少關注，因為在台灣，「童工」一詞根本就是一個不存在的單字。正當我們以為「童工們」並不存在時，其實那些「童工們」就躲藏在我們身邊，躲在我們購買使用童工製作的服飾裡、躲在我們賣場的兒童玩具架上、躲在我們吃進嘴裡甜蜜的巧克力中，我們其實正是「童工」的間接加害者。

如今透過凱拉許的書，我們將會知道在印度有一群未滿十六歲的孩子，每天生活在十四個小時有毒的環境底下工作。一個未滿五歲的女孩被迫在工廠，過著編織布疋、製作手環、裁剪服飾的工作，每天只有極少的食物供給，睡在工作台的旁邊，當她被救出來的時候，曾經有人把盧比拿給她，孩子甚至不知道那是錢，因為她連一塊錢都沒有見過。

一個十三歲的孩子被賣到一間偏遠荒涼的製磚工廠，他每天的作息除了吃飯睡覺之外，就是不停地工作直到倒下為止。

還有一個孩子在他七歲的時候就在地毯工廠工作，每天在暗無天日的小房間裡用著上百條的絲線縫製著地毯，發現他的時候，眼睛因為長年見不著光幾乎失明。

又或是一個十歲孩子在路邊攤煮奶茶當奴僕的時候，每天被雇主像是對待野狗那般沒有尊嚴地叫喚與責罵。

而這些故事真實地發生在距離台灣飛行只有六個小時的平行世界。

今天我們將站在巨人的肩膀上，清楚看見這群被隱藏在我們身後角落裡「童工」的故事。

推薦序三

改變，只需要每個人的一小步

文／程敏淑（作家、國際志工）

二〇〇九年我與「拯救童年運動」結緣，自此認識到創辦人沙提雅提先生，並從他們機構的運作方式慢慢揣摩他的理念。回想起來，當時除了透過相關紀錄片得知他搶救童工的歷程和曾數度獲諾貝爾和平獎提名外，對他的人生歷程幾乎一無所知。那或許可說是新手的幸運，使我更多時候是從旁安靜觀察，觀察他怎麼和孩子互動、和團隊互動、和志工互動，觀察他怎麼帶領一群人向前。而我總是在默默觀察時深深被他的言行舉止感動。

看沙提雅提與孩子的互動著實是種享受。曾在自由之家看他召集前一夜剛獲救的童工，欲與他們談話，眼前的一群孩子完全不識在涼亭與他們會面的長輩是誰，自然沒有對他的尊敬，甚至一開始仍明顯帶著對陌生環境的困惑與防備。但他對他們的傷痕感同身受，不曾用教條或命令式的語言跟孩子互動，他溫柔地問他們知不知道自己現在身處何處？為何會來到這裡？還在審慎評估周遭人事物的孩子少有表情與回應，但他細細為他們揭開神祕，以清楚坦白毫不遮掩的態度揭露資訊，言談中不時伴隨著溫暖與幽默，信手拈來就把仍原處在害怕不明狀態的孩子們給逗笑。又隨著他看進每個孩子的眼睛，真誠地說明所有兒童皆有的基本權利後，我看見孩子們更進一步受他所傳遞的訊息吸引，身體姿態漸漸放鬆，恍若逐漸敞開心胸，有些人的雙眼更像挖到什麼寶藏似地開始發亮起來。

誠如他在書中所言，他要和兒童建立的關係是平等而互相尊重的友誼。

不僅如此，力量之家還協助貧困家庭將獲救童工拉拔長大，讓他們不會被迫中斷學習。教育他們相信自己意見的重要，學會為自己發言，並鼓勵他們也為仍在受苦的孩子發聲。這十多年，我看見在他羽翼與滋養下羽毛逐漸豐厚的許多孩子逐步完成大學學業、步入社會，開始在各自喜歡的領域發光，卻仍不忘跟隨他的腳步，持續以各種方式致力於其他兒童的福祉。就好像在回應他曾說的：「有能力的人為遠大的志向工作。」他的理想已深植在孩子心中。

——

與團隊對話的他亦是同樣的謙遜和平易近人。二〇一一年寫作《追尋角落的微光》一書時，在力量之家有幸遇到沙提雅提先生正參與機構為友善兒童村莊的草根工作者所辦理之培訓。看到在地的工作者表達怕自己學歷不夠高、懂得不夠多而無法說服村中官員和村民的擔憂時，他便把法律中生硬的概念和艱深的語彙由繁化簡，並列舉許多例子來解釋他們能如何利用法律倡權。更重要的是一再強調總部的工作少不了田野推動的支持，以堅定他們的信心。他不僅有辨識他人長處的法眼，更具有讓眾人都相信自己有可貢獻之處，並為此驕傲的能力。

他如施法般輕巧地將希望注入困境，使與會之人如沐春風，與他一起樂觀起來。不僅如此，他還要用筆繼續施展他的魔力，來驅動全印度人一起行動。不，不光是這樣，在本書你會慢慢發現，他要驅動的是全世界。他從關懷印度的孩子開始，逐漸開始更加普世性地關懷所有面臨相同困境的孩子。

——

我也喜歡他故事裡的啟示。他寫到從他入學的第一天起，便未曾遺忘自己對於貧富差距和種姓隔閡的震懾，儘管身邊的人將差別待遇視為理所當然，他堅信自己內在天平對社會不公的判斷。他不厭其煩地提醒，要我們別忘記和忽略內在那個純真的小孩，並呼籲我們以具體行動去回應直覺感受。這不禁使我回頭思考自己如何建構對世界的認知：是不由分說或懵懵懂懂地接受社會規範，還是敢於質疑甚而挑戰那些可能壓迫他人的約定俗成？

在宗教爭端仍不斷的印度，他更藉各種宗教典籍點出「孩子是神的化身」，還說：「如果神偏袒任何一邊，那祂不如不要存在比較好。」這發言固然強烈，意卻不在推翻宗教，只是想帶給不同信仰之人更普世（而像神）的眼光，希望他們能將愛神之心從關愛旁人開始實踐起。他相信我們缺乏的一直都不是資源，而是願意關注更多的胸襟，只要每個人都願意改變一點點，我們定能「有足夠的資源可以根絕童工。」

在印度的日子我確實常為許多不公義而感到忿忿不平，但年近古稀、奮鬥已四十年的沙提雅提先生總像個安定人心的錨，不需再多贅述就能以自己溫柔堅定的舉動傳達：「沒錯，世間仍有許多不合理，但我們不要自亂陣腳。若能一代代持續不輟的努力，我們堅持的真理終將證明自己！」

他相信寶貴人性，鼓舞每個人成為更好的人，這就是種傳承吧！如同馬迪巴是他的啟迪一般，他亦是我的啟迪。他將馬迪巴澆灌於他的力量，繼續傳承至更多人身上。

願你在閱讀他這些年遊行抗議、催促與監督立法、教育與組織民眾等各種推動兒童權利的努力後也獲得了更多力量，能看到即使緩慢，改變的進程從未間斷，更關鍵的是，如若你我都能參與，就能使其更臻美善。

作者序

這裡的文章陸續寫成於一九八〇年代後，集結了我思想的根源、與人談話所得的靈感、以及重要的基礎概念，特別是我在童工、兒童販運、性剝削與教育等主題上的原則和實踐，也包含了我最早倡議兒童權利的篇章。我想這不只對一般讀者相當有幫助，對做研究的學者亦然。

最近有朋友搜集了我的舊文，其實連基金會和我自己都從未這麼有系統的彙整我的文章，這也說明了為何許多文章到現在都還找不回來。我們從那些得以被尋回的文章中，集結了其中精華編成此書。懷著謙卑，我能說正是這些歷史文件激發了印度以至於全球的反童工運動。這些文字使一般大眾、知識分子、甚至聯合國的政策制定者都看到這議題有多急迫。在這三十六年間，我看到這些想法的力量催生了許多新的機構組織和政府部門，激起了新的研究興趣，成為了企業規章與國內外立法的參考，甚至影響了政府的預算分配。

裡頭很多文章，是我被奴役兒童的人攻擊後，在負傷狀態時寫下。寫作某些文章的時候，我甚至連為兒子買牛奶的錢都湊不出來。同為我妻子和運動夥伴的蘇美達，只能勉強靠報社的稿費來料理家務。我甚至還在奴役兒童的黑幫闖進我家，及日後威脅要綁架謀殺我小女兒的時日中寫了本小書。其他篇章則反映了我對兒童的福祉和我們工作的深思，如上千名被救出的童工，因住在自由之家（註1）和力量之家（註2）等待康復時所露出的笑臉，還有我們在鄉下推廣的友善兒童村莊計畫（註3）。

下面的事件發生在一九五九年，我上學的第一天。和其他孩子一樣，我興奮地穿上新衣新鞋，帶著課本和我的夢想，前往我家鄉維迪沙（Vidisha）的杜爾格（Durg）公立小學。進校門時，我看到一個同齡孩子正坐在校門外替人擦鞋，他的父親則在他旁邊修鞋。我愣了一下。也許過去我也曾看過像這樣在工作的小孩，但並不太關心。這是我第一次覺得這對比諷刺：儘管我們都在這裡，但朋友和我可以去上學，這孩子卻去不了。他的眼光沒離開過我們的鞋子，儘管我們的鞋都是新的，根本不需被擦亮。

等同學們都做完自我介紹後，我鼓起勇氣問老師：「老師（Master *Sahib*，尊稱），為什麼有個孩子坐在外面擦鞋？他為何不和我們一起上課？」老師解釋這並不稀奇，窮人的孩子都得工作。我不死心，又向校長和家人提起這件事，但即使換了不同說法，他們的意思都和老師一樣，或許我也能懂他們要表達的意思，但每天上下課看到那孩子總是使我沮喪。這狀況持續了約一週，我漸漸在心中累積能量。

某天放學，我走到那對父子身邊，問那做父親的為何不送自己的孩子去上學。他先是被我嚇了一跳，但忖度一會兒後他說：「先生（*Babuji*，尊稱）我從沒想過這件事，也從沒人這樣問過我。我的祖先一直以來都是修鞋匠，我也是從小修鞋長大。」然後，他雙手合十，說道：「先生，您有所不知，我們生來就是要做工的！」那對他來說就是答案，但對我來說，卻是要花一輩子去挑戰的課題。我當時才不過五、六歲大，怎可能了解種姓高低、貧富差距和其他社會不公的議題呢？但我知道一定哪裡有問題。這件事讓我用全新的角度看待社會生活。我學會用童稚純真之眼分辨對錯，即使到現在我仍試著在內心深處保持同樣的目光。

五十五年前，我無視師長所遵循的文化準則與價值，如今，我仍強力反對用雙重標準看待兒童，並透過具體行動對抗童工問題。一九八〇年代初期，當我們幾個行動分子開始從農場、磚窯、採石場、工廠、餐廳和別人的家中救出兒童，其他朋友曾嘲笑我們，因為當時不論在國內或全球各地，都沒人認為童工是個問題，兒童權利的概念仍未被建構出來。約在我們奮鬥的十年後，聯合國才在一九八九年採行兒童權利宣言（註4）。獨立後的印度沒有關於童工的法律，也從未有政黨討論過此議題，更遑論有專書、研究或專欄，連報上都看不到一篇相關報導。

教育的情況也一樣，人們認為那不過是政府的計畫或慈善活動。當有些人和我們一樣，試圖在印度或世界其他地方把教育塑造成人權議題，我們發現幾乎沒人想聽，也沒人聽得懂。學工程和教書的那幾年，我明白了理性討論的價值，以及分析基本原則的重要。因學生時代積極參與許多社會運動，我多少也涉獵了那些運動所根植的意識形態。我一直都對寫作和研究有興趣，早在創辦「拯救童年運動」（註5）前，我就已經在印度幾家報紙和雜誌上發表與社會、文化和靈性等主題有關的文章。這些背景教我靠著事實、論述和分析來將原本個人欲搶救兒童的努力，構築成廣大的群眾運動。我在報紙和期刊上發表了幾篇文章，也撰寫、印製和發行了各種小冊子，它們成為在印度首批討論兒童面臨的暴行及實際解決方式的相關文獻。隨著這些議題不斷演進，我也藉著書寫繼續從各面向改進與推展我的想法。

深刻感受到人們需要童年與自由，這信念啟發我思考，而實際的行動與努力，也為我的思路帶進更多靈感。在文章、演講或甚至日常生活中，我從不以同情的眼光看人，也不做任何慈善之舉，我和孩童的關係不外乎是彼此同理、互相尊重、平等和友誼。我從不認為拯救孩子是種施恩的表現，對我來說，看到孩子們重獲自由後的第一個微笑，就如同看見神蹟，所以其實是這些孩子施恩於我。我信仰解決辦法而非問題，打從一開始我就相信，解決之道出自於問題本身，這也是為什麼書裡的文章都有經驗累積後的解答和建議。那些整夜哀嘆黑暗之人，往往撐不到黎明降臨的時刻，但黑暗吞噬不了用自信和創意點燈之人所帶來的光亮。一盞小燈便足以維繫人們對美麗日出的企盼。我相信，讓人人都擁抱自由童年的概念終將獲得勝利。

現在全球仍有一億六千八百萬名兒童被迫工作，一億兩千萬名兒童在讀完小學前就被迫輟學，六千萬名兒童未曾上學，八千五百萬名兒童被當成商品買賣並被迫成為奴隸、妓女、乞丐或各危險產業裡的童工。前方還有許多艱鉅挑戰，但好消息是政府、社會和企業已不能再忽略對兒童的暴行。提高公眾意識，訂定嚴格的法律並確實執行，與民間團體共同協力，並為兒童的教育、醫療和保護提撥足夠的預算，都能幫助消除兒童暴力。

感謝同事們收集及翻譯這些文章，包括協助編輯英文版的伊爾莉安妮·A·拉曼。

將這篇選集獻給你們，並呼籲你們一同拯救印度乃至全球小孩的童年。

——凱拉許·沙提雅提　二〇一六年十一月八日

註1：Mukti Ashram。印地語，意爲自由之家，爲獲救童工的短期收容中心。孩子在那裡等待行政程序、接受健康照護、心理治療及非正規教育。

註2：Bal Ashram。印地語，意爲力量之家，爲獲救童工的中長期康復收容中心，孩子除了在此接受非正規教育之外，若能力達標準，也將銜接至附近公立學校上課。

註3：Bal Mitra Gram。印地語，英譯爲Child Friendly Village，友善兒童村莊。

註4：Declaration of the Rights of the Child。兒童權利宣言原爲國際聯盟在一九二四年起草且批准的文件，直至一九八九年才在聯合國通過成爲兒童權利公約。

註5：Bachpan Bachao Andolan。印地語，英文爲Save the Childhood Development，本書翻爲「拯救童年運動」，強調運動精神先於運作的機構「拯救童年基金會」。

第一章

夢想自由

「讓每個孩子能自由自在地當個孩子，是我這一生的夢想。」

二〇〇一年，為了根絕諸如不送兒童上學、反讓兒童工作與販賣兒童等的社會惡習，拯救童年運動推動了友善兒童村莊的新概念。最主要的目標是讓兒童成為群眾的目光焦點，並透過他們的領導，以民主程序打造一個對兒童友善的社會。

- 十一個邦裡有超過四百所村莊被認可為友善兒童村莊
- 友善兒童村莊裡半數以上的兒童議會領袖（Bal Sarpanch）是女孩
- 從二〇〇一年至二〇一五年，透過友善兒童村莊計畫，我們成功讓近二十萬名童工復學
- 各村的兒童議會（Bal Panchayat）靠自己的力量，在所屬村莊承接了約二十四個中央和邦政府的福利計畫，使一萬多人直接獲益
- 超過四千位兒童透過友善兒童村莊計畫貫徹了民主原則，並成為學校裡的領袖人物

搶救童年

一九八〇年代，作者爲喚起群衆意識，自己起草宣傳單，並在倡議活動中廣發。延伸自當時所載的事實與經驗，本篇寫於一九九〇年，是讓社會認識童工並推展社會運動的第一塊里程碑，並在幾年後加入更多資料後以手冊形式出版，自一九九二至一九九九年間更製成多種版本刊出。各個公民組織、政府與如聯合國兒童基金會等的國際組織爲使更多人傳閱，亦將此文譯爲多國語言。童工議題因而首次在印度被重視。最新版的手冊發行於一九九四年，下文即爲此版本。

——編輯語

我始終沉痛地記得一九八二年三月的某一晚，在我膝上嚥下最後一口氣的古拉寶所留下的最後一段話。她是年僅十四歲的童工。在她最後一次入睡前，曾絕望地懇求母親：「救救我，媽媽！」縱使古拉寶已獲得解脫，我仍忘不掉她失去靈魂的肉體壓在我身上的重量。

女孩的父親蘇北和我一同將古拉寶帶到首都的拉瑪諾哈洛西雅醫院（Ram Manohar Lohia Hospital），讓醫生宣告死亡後進行驗屍。蘇北對發生的一切感到困惑，無法相信古拉寶就這麼死了。當我們將她的遺體送至火葬場進行最後的儀式時，因在磚窯工作而失去一隻手的蘇北，仍徒然地嘗試用單手搖醒她。

蘇北面如死灰的表情如今仍籠罩我心頭，而他的追問：「我女兒犯了什麼錯，得忍受每天在磚窯裡被燒的滋味？又到底是為什麼她現在還得再被燒一次？」依然能使我背脊發涼。

由於長時間在磚窯裡工作，古拉寶患了肺結核。她和其他三十二個人在哈里亞納邦庫魯克什塔市（Kurukshetra）的磚窯廠當童工。我們向最高法院申訴，以獲取釋放他們的判決。當我們抵達廠址時，雇主已匆匆將他們送至他處藏匿。忙亂的四處搜尋後，我們終於在午夜的暴雨中找到被丟棄在路旁的他們。載他們回德里辦公室的途中，我腦海裡浮現一個疑問：每天有多少個古拉寶去世？他們為什麼必須犧牲？那一夜，我沒有答案。

我並不自命為研究深奧宗教典籍的學者，但我確實觀察到所有的聖典都公開宣稱兒童是神珍貴的禮物，是神性的化身。除了聯合國人權宣言（UN Declarations on Human Rights）與兒童權利公約（UN Conventions on the Rights of the Child, UNCRC）外，我們還有許多保護兒童權利的法律工具，都爭相捍衛兒童的健康成長與整體發展。人性的未來正處於危急關頭，因為儘管有這些書面文件，仍有數百萬名兒童在各領域的經濟活動中受奴隸制度所苦。我們應擔憂這議題的嚴重性。

在發展中國家，貧窮和童工的一體兩面，就像是「先有雞還是先有蛋？」那道千古難解的謎題一樣。童工持續存在，因為雇主知道好處在哪裡：可以用最少的錢搾取最多的工作量，得到絕對的服從，更少了來自工會和勞工法庭的威脅。兒童脆弱的身心狀態，使他們易受剝削。

總的來說，我認為有六個主要原因使奴役兒童蓬勃發展：一、合理化童工與奴役兒童的普遍迷思；二、缺乏對社會問題的意識；三、缺乏政治意願；四、法律工具之無效；五、童工及其父母的無知；六、破壞童年的發展政策。讓我們一一來檢視。

幾乎社會各界都一致認為失業、貧窮、文盲與人口爆炸是造成童工的四大主因。對這些所謂的主因進行詳盡分析，將能消除這些錯誤想法。

童工與失業率

僅在南亞，就有八千萬名童工，只不過，失業成人的數量比這更多。最新數據顯示，印度約有五千五百萬名童工，有趣的是，這與失業成人的數量旗鼓相當。更具說服力的數據是，一九四七年的童工數和失業成人數也不相上下（約一千萬）。這豈不表示我們一旦根絕印度的童工，就能開展五千五百萬個就業機會給失業的大人。想想看：童工的消失究竟是會惡化失業問題，還是增加成人的就業管道？幾項深度調查透露，在那些一年中成人有一百天左右找不到工作，且工作時薪資又低於法定最低工資的社區裡，童工的情況最為猖獗。我們不難推論，一旦消除童工，童工的父母或家中其他大人將因此得利。

認為貧窮是童工問題的主因，則是另一項錯誤觀念。兒童的雙親與其他法定監護人的失業狀態，和因不公的財富分配而日益加深的貧富差距，才與貧窮有直接關聯。生產的獲利幾乎從未惠及社會的最底層。五千五百萬名印度童工每天的薪資約為一億五千萬盧比，等於每人每天賺不到三盧比。根據亞洲勞工監督（Asia Labour Monitor）的報告，印度兒童至少貢獻了全國國民總生產毛額的五分之一。但他們卻連自己生產的五分之一都拿不到。

那麼該如何消除貧窮？一旦廢除童工，成人自然就會因需求被雇用，他們可以賺到兒童薪資的五、六倍以上。又因為雇主不能再回頭仰賴把兒童當廉價勞工，成年工人也將具備集體和雇主討價還價的能力。以成年勞工取代童工，也會增加個別家庭的購買力，甚而一併提升他們的社經地位。

童工刺激黑金發展

常被觀察到的一項事實是童工使黑金蓬勃發展。兒童只能賺到成年勞工法定最低薪資的百分之十到二十而已。然而，公司帳戶卻只呈現給成年勞工的支出，這為地毯編織、手搖紡織、鑽石切割、烤漆、火柴和煙火製造等產業省下了數十億的盧比。

童工和公共衛生

在健康方面，我們觀察到在公立醫院看病的一般患者中約有七成曾當過童工，曾患肺結核的病例則攀升至八成。持續暴露在煙、塵、有毒氣體、化學物及高溫環境下影響了孩子的眼、肺、肝、腎等重要器官。像織地毯這樣長時間的屈身工作會影響脊椎並造成大腦損傷。處在燈光昏暗、通風不良、衛生條件差的環境，也對他們的成長和視力有不良影響。

這意味著什麼?若放任製造商剝削兒童，把他們當作廉價勞工，政府日後接手的將是支由病弱人士組成的軍隊。今日上工的兒童無非是明日政府的責任，這難道是有遠見的策略嗎？在可預見的未來中，政府分配給健康醫療照護的預算，絕大部分都將用在數百萬的殘弱成人身上。生病的成人每年平均都增加五至六百萬名，這就是你所謂的「減輕貧窮」？這現象豈能解釋得了社會菁英口口聲聲說的印度經濟大躍進？

童工與貧窮狀態

另一個普遍的錯誤觀念是，童工至少照顧了貧困家庭的立即需求，補貼了家中收入。讓我們以檢視地毯業為例，當我們十多年前發起反對童工的倡議活動，我們也曾思考廢除童工是否將對貧困家庭造成衝擊。但印度最高法院調查委員會的報告和我們在實際工作經驗中所觀察到的一致，弭平了所有疑慮。

在地毯業工作的三十萬名童工中，有七成是從比哈爾邦、中央邦和尼泊爾招來的抵債奴工。他們靠雇主給的稀少又不健康的食物為生，雇主要不是沒給薪水就是只給微薄津貼。我們到那些邦詢問鄉村中的郵局，結果發現就算孩子已在各地毯廠房工作數年，沒有一個父母曾收到匯票。在多數的案例中，父母唯一收到的只有仲介在帶走孩子時所付，介於五百至一千盧比左右的訂金。至於自數百個搶救行動中獲救的孩童，他們的口袋總是空空如也，裡頭連五十派撒（半盧比）都沒有。

籠統地說所有童工都來自赤貧家庭並不公平。國家勞工協會（National Labour Institute）的團隊近期在印度北方邦的庫爾賈（Khurja）的製陶業發現另一種事實：當孩子整天辛苦工作，那裡的許多父母卻將孩子賺來的錢浪費在菸酒上。在莫拉達巴德（Muradabad）的銅器業、阿里格爾（Aligarh）的製鎖業、磚窯和採石場等產業中也存在著類似情況。

童工與人口數

一個值得注意的現象是，在那些所處環境容易造成童工的社會階層中，夫婦生養許多小孩的趨勢普遍存在。這些人普遍相信：孩子越多就有更多雙手可以工作，收入也會因此更高。這是這些父母生更多小孩的誘因嗎？對他們來說，孩子是使經濟狀況穩定的手段，但中產階級家庭則是等到他們的經濟狀況穩定時才開始生小孩。報告指出過去十年，人口數增加了百分之二十三，但童工卻增加了百分之三十，其中原因不證自明。除非杜絕孩子的就業途徑，否則政府的節育計畫將不會有成效。政府必須有意識的教育這些社會階層。

童工與文盲

事實上，是童工導致文盲，而不是文盲必須去當童工。上百萬名童工終生不識字，而國家容許這弊病繼續留存。

我國小學平均有四成的輟學率，但在童工相對普遍的區域，輟學率攀升至八成五。這清楚展示出童工普遍的區域和文盲之間的因果關係。

令人難受的是，在這些地區的許多學校裡，甚至還有學校老師缺席長達數週的情況。父母被企業家和他們的仲介引誘，將小孩送去工廠。廢除童工、普及免費的小學義務教育是醫治這病的唯一解方，詳盡深入的研究與調查將能進一步支持我們的論證。

缺乏政治決心

導致兒童奴隸制度持續存在的第四個原因是，政治人物根本無心處理此事。就算現在不乏有各種保護兒童權利的國際公約和法條，就算所有政黨一致同意童工是社會必須抹去的污點，諷刺的是，未曾有人在政策議程或選舉政見中提出此議題。

這裡我想提一段童年往事。以前我也和其他上學讀書的人一樣，曾參加在印度第一任總理賈瓦哈拉爾．尼赫魯（註1）生日舉辦的兒童節慶典。當從補鞋匠兒子的臉上看不到一絲笑容時，我也開始鬱悶，他和我一樣大，卻整天在我學校大門前不知疲倦地工作著。自尼赫魯時代以來，國會與政府從未把消除童工當作優先事項。

我始終困惑於暱稱尼赫魯為叔叔所代表的意思。難道他只是那些夠幸運能上學、穿乾淨衣服的小孩的叔叔而已嗎？這些人甚至佔不到全國兒童人口的五分之一。

讓我們反思成為全國第二大黨的印度人民黨（Bharatiya Janata Party）之歷史，在阿約提亞（Ayodhya）的爭端中，他們編織了使人著迷的口號：「每個孩子都是羅摩神（Ram）的孩子，所以理當為祂的出生地奮鬥。」如果在路邊攤工作的拉美許、撿破爛的塔斯林、織地毯的薩可夫都是神的孩子，他們應被授予自由、教育、食物、醫藥等能確保他們適切成長與發展的基礎設施，而不是叫他們為羅摩的出生地開戰打仗。

保護印度文化和印度教的口號是騙人的計謀。為了宣傳，他們利用普遍被認為是印度人民黨意識形態先驅組織的國民志願者聯盟（註2）和印度教學校（註3）所擁有的廣大分支網絡。相信這些自稱守護印度文化的人能好好回答這題：為何只有兩成的中產階級小孩有資格被稱為印度的後裔，那些五百五十萬不幸的童工又是誰的子孫？沒有照顧這群孩子福祉的具體行動，任何關於聖地和起源的言論都只是不具意義的偽善罷了。

同樣的，人民黨（Janata Dal）和幾個政黨試圖用落後階層委員會提出的曼德爾委員會報告（註4）來為其他落後階層（Other Backward Classes）保留席次，作為治療社會普遍不公的萬靈藥，忽略每年中央政府不會開超過十二萬五千個工作職缺的這項明顯事實。大眾社會黨（Bahujan Samaj Party）等其他政黨也一樣，持續要求廢除「婆羅門對其他落後族群的主導」，以帶來公平的社會秩序。值得注意的是，約有七成五至八成的童工來自哈里貞（註5）階層、部落等少數民族，剩下的則來自其他落後種姓。那些構築出讓人朗朗上口的社會正義口號的政黨，竟未將廢除童工有關的措施放在他們的待辦事項中，這還不夠諷刺嗎？

但對那些左翼政黨來說，這些「改革計畫」並不在他們的政治訴求之內。我們的左派朋友相信，只要無產階級和農民沒有政治實權，這些問題都將持續。奇怪的是，儘管共產政府已在西孟加拉邦長期執政，童工的數量仍大幅增加。我們可以為實現激進的社會秩序等上二十至二十五年，但關於孩子的問題，我們不能等。他們的童年就在今天，談明天已太遙遠。現在就必須打破奴役的枷鎖。

一般而論，所有政黨都有照顧不同社會階層利益的各類組織，如婦女組、少數民族組、哈里貞組、部落組等等。對有鑑別力的觀察者來說，新的政治文化很明顯地只將人民想成是票倉，而在這其中，兒童不佔有任何地位。在這種不幸的狀況下，誰會為這數百萬人發聲？誰又會為了他們的權益奮鬥？

儘管有債務奴役制度（廢除）法（The Bonded Labour System Abolition Act, 1976）、童工禁止和管制法案（The Child Labour (Prohibition & Regulation) Act, 1986）等法律存在，但至今從未有哪個雇用童工的人被起訴，足可證明政治人物不在乎童工議題。許多邦政府甚至仍未依循聯邦法修訂各邦相關法規，只會掩飾自己無法控制童工數增加的失敗。他們在國會無恥的宣稱，只要有貧窮，就不可能根絕童工。

不能不提的是，憲法早在一九五〇年就承諾要「免費為國內所有兒童提供義務教育」。最高法院也在一九九三年對教育機構常超收學費的情況做出畫時代的判決，明確強調受教育是兒童的基本權利。即使如此，握有政治實權的人仍裝作沒這回事，至今政府尚未有任何舉措來實踐這項基本憲法保障，小學教育分配到的年度預算已被削減至令人絕望的百分之三。其他發展中國家的狀況也差不多是這樣。

用宗教掩飾的偽善

要用一兩個實例來解釋利用宗教之名的偽善政治遊戲，這論述才會完整。我們在一九九二年一月於北方邦瓦拉納西的賈格迪斯赫普爾村（Jagdishpur）籌畫了一場突襲搶救行動。孩子們的父母、監護人、當地官員（*tehsildar*）與兩名員警都參與其中。作為父親的悉塔蘭從比哈爾邦加瓦縣（註6）的賈穆雅村（Jamua）前來。過去兩年，他兒子在瓦拉納西的地毯工廠當童奴。這位父親給了我們掮客的基本資訊，說這位掮客藉著刻畫孩子在地毯業將有美好光明未來的圖像，並為每個小孩付五千零一盧比當訂金的方式，欺騙了許多貧困家庭。他用這種詐騙手法成功拐走十三位兒童。

幾個月後，那些父母既沒收到匯款，也得不到孩子的消息，便準備到賈格迪斯赫普爾村歸還訂金，以換得孩子的釋放。有些父母甚至還向高利貸借了點錢來當作路上盤纏，但他們不僅沒能成功帶回孩子，還被雇主羞辱和毆打。

當我們抵達村子時，地毯業者已經聚集上百位村民來攻擊我們的團隊，甚至連在場的媒體人士都不放過。至於護航的警員，只是一聲不吭的看戲。但在這麼惡劣的情況下，我們還是成功的從附近一間陰暗濕冷的房間救出十三個小孩。

但令我們震驚的是，悉塔蘭在錄口供時拒絕指認自己的孩子，他的兒子善柯也不認自己的父親，大概是害怕地毯業者以後會找上門報復吧。我們費盡功夫才得以向縣長（District Magistrate）辦公室正確呈報一共救出幾個孩子。

先前因害怕而不敢在地毯業主面前相認的父子，此時在彼此懷中崩潰大哭。悉塔蘭看到小善柯被燒傷變形的手，男孩則解釋因為用來切斷地毯打結線頭的刀銳利而沉重，他常不小心切到自己，而喪盡天良的雇主會撒火藥粉在傷口上，點火燃燒後讓血、皮與肉都沾黏在一起。這作法的原始與恐怖足以說明這些孩子遭到何其殘忍的對待。

善柯是印度教神明的名字，連羅摩神都要敬拜祂的崇高。而小男孩善柯是從哪裡被救出來的呢？是從當地極端印度教團體印度青年民兵（Bajrang Dal）領袖的房中給救出來。作為印度基本教義派的一支，房子牆上寫著字體粗大的標語：「每個孩子都是羅摩的子孫，生來為羅摩工作。」這些偽君子到底想騙誰?騙神?還是騙自己?

另一個難忘的事件發生於一九九三年五月,當時我們在北方邦阿拉哈巴德縣的奧桑普爾(Ausanpur)村進行一場突襲行動,在空氣污濁、通風不良的地下室救出了一百五十位來自如加爾赫瓦(Garwah)、帕拉木(Palamau)、達爾邦格阿(Darbhanga)等比哈爾邦偏遠村莊的孩子。警察甚至在過程中從工廠主手裡沒收一把子彈已上膛的槍。

其中一個男孩是年約六、七歲的塔斯林。獲救後他似乎對所有感覺麻木。從他臉上我們看不出任何快樂或悲傷的痕跡。但在他的面無表情之下,我能感受到他幼小心靈的痛苦。我把他拉進懷中、擁抱他、哄他說話,最後他忍不住哭了起來,說起有次他只是因過度思念母親而哭出聲,被惹惱的雇主就拿起棍棒抽他。從那次之後,他便不再顯露情緒。

花了三天備齊獲救孩子所需的法律文件後,我們終於來到塔斯林的家鄉。那時正值穆斯林齋戒月後的開齋節慶典。得知被綁架的兒子被迫在地毯工廠當了三年奴隸後,塔斯林的母親不再過節,但彷彿這樣不夠慘似的,她還失明了。更諷刺的是,我們是從一個頗具影響力的穆斯林領袖手中救出塔斯林，據說他曾積極投入巴布里清真寺運動（註7）。不停纏繞我心的問題是：當人性不斷在宗教的祭壇前被犧牲，我們還要繼續不聞不問多久？

鬆散無力的法律

廢除童工路上的第四大阻礙是起不了作用、漏洞百出而畸形的法律。例如一九八六年制訂的法律，規定在在十二項「危險」產業中禁用童工。但大家心照不宣的是，只要稱那孩子是自己的兄弟姊妹或兒子女兒，你還是可以在這些產業中雇用童工。

我們在突襲行動中就遇到許多雇主聲稱為他們工作的兒童是自己的親戚朋友，孩子們則因恐懼而表示贊同。以家庭企業之名，奴役上千名兒童的地毯業持續靠著利用童工而蓬勃發展，並以給孩子冠上「兒童工匠」（*Kishore Shilpi*）這種看似正式的頭銜來掩蓋剝削的事實。

雇主們為了規避印度的工廠法規，把本應集中管理的工廠單位分散至各村。誰會讓自己的親朋好友去做那些被列為「危險」而不該讓兒童做的工作？這豈不是在嘲笑憲法的保障？事實上，任何形式的童工都在剝削兒童柔弱的肉體與精神，扼殺兒童的成長與發展，違背人性。

債務奴役制度（廢除）法規定各鄉鎮市首長（Sub-Divisional Magistrate）有權處理轄區內的童工問題，但當地政客、工廠老闆或其他大人物要求行政官照他們的規則做事已不是什麼祕密，其結果是奴役兒童等級的罪行，只被輕描淡寫為童工。犯罪者儘管持續犯法，犯罪者總是能逃過一劫，這就是為什麼違反了童工或廢奴法的人仍能自由無畏的持續經營事業。更糟的是，沒有任何法律能讓我們將在其管轄權下，任這種情況猖獗的失職官員記錄在案。若法律不具約束力，我們要如何為童工尋求保護？

父母的無知

使奴役兒童制度存在最顯而易見的原因即是孩童與其父母的無知。他們幾乎沒意識到經濟剝削是複雜的惡性循環，更悲慘的是他們對於童工所帶來的深遠影響及致命疾病一無所知。透過無事實基礎但巧妙策畫的傳播計畫，使得無知情況沒有任何改善，我們特別擔憂政府控制的電台和全印電視台（Doordarshan TV）只是跨國公司和統治菁英的傳聲筒。

這兩家最受歡迎的媒體瘋狂為產品促銷打廣告，只為了竭其所能地吸金，這不僅有失公允，也無可挽回地影響了文化準則。童工問題並未出現在他們的節目策畫裡，雖然他們有遍布全國的觸及率，但除了聯合國兒童基金會的奇怪口號之外，你從這裡幾乎看不到任何和兒童權利有關的節目。這很明顯是故意不去教育那些弱勢孩童與家長，童工會帶來的毀滅性影響。

反童年的發展

在發展中國家，失衡的發展政策使得童工問題無法獲得根治。視野偏狹的發展計畫，導致兒童的父母被迫離開居住的家園、土地和森林，為著找工作遷移，而其中最大的受害者是他們的孩子。不停的遷居擾亂了家庭安全，人們被逼得只能靠著僅剩的殘渣存活，我們稱這是發展？

我們可以從比哈爾邦的帕拉木縣觀察到這種災難的例子，那裡的卡友卡羅大壩（Koyal Karo Dam）足以為證。建造這座大壩使得許多人的財產與家園被摧毀，甚而流離失所，更迫使一萬七千至兩萬名兒童成為童工。至於包含那瑪達大壩（Narmada Dam）在內的沙達沙洛法大壩（Sardar Sarovar Dam）則約雇用了四萬名童工，這數字高得嚇人。

在都市貧民窟中過著不人道的生活，一早就在臭氣薰天的垃圾場撿破爛，在傍晚賣報紙，在十字路口為停下的車擦窗戶，甚至在路邊行乞的孩子們是誰？什麼都不是，只是短視近利的發展計畫的受害者。

如今，撼動所有明理人良心的是，孩子該如何面對發展計畫中不停改變的優先順序？這些起因於向世界銀行和國際貨幣基金組織貸款後必須履行的發展計畫，不僅導致數百萬人流離失所，迷失於城市荒野，更迫使他們的孩子進入勞動市場。在這場為累積資本、賺取利潤的超現代科技競賽中，受害最慘的總是窮人。這些政策開啟了廉價而危險的工作職缺，目的就是以最少的成本搾取最多的利潤。誰能適應這套模式？當然是窮人的小孩。我們曾說自由市場的經濟原則，無法為孩子們保障童年安全，只有本著人道精神的社會科學才行，如今證明這個預警是正確的。

為推翻奴隸制所做的努力

值得用一些篇幅來介紹我們透過各種策略和方法所達到的成效。一九八〇年代，當我們發起反債奴和反童工的運動時，不僅政府和非政府組織不願傾聽我們的意見，甚至我們自己的親友都對此事深感懷疑。但是，即使在不被看好的情況下，我們仍倚靠印度最高法院的幫助，成功地讓包括童奴在內的許多債奴重獲自由。

時間演進，我們的運動也獲得（更多）動力。策略之一是推動各產業中原本不擅組織的工人加入工會，並利用新聞媒體的報導來倡議，施壓執法單位加快行政效率。如今我們也繼續沿用此方法。

那時，我們穿梭在採石場、磚窯、農田、建築工地、地毯、玻璃和手鐲製造工廠等地，成功救出為抵債而遭人奴役的兩萬五千名童工和兩萬名成人。因著堅持不懈的後續追蹤，我們促使原本效率不彰又冷漠的幾個邦政府開始利用中央政府的補助來為獲救兒童辦理康復計畫。我們發起了一個恢復正常生活的模範方案，讓重獲自由的童工與成人都能在自由之家學習相關且必要的職業和社會技能訓練。在這個重要時期，我們許多倡議者和我本人都成了幫派攻擊的目標，兩位資深同事甚至因此送命。

經驗告訴我們，如果可怕的債奴系統繼續存在，兒童將是最大的受害者。這發現讓我們認定最緊急的需求是追查在不同產業中，用兒童抵債的情況。我們進一步發現，多數南亞國家的童工面臨相似處境，於是我們在一九八九年邀集南亞的非政府組織、人權組織和工會，於新德里辦了首場童工研討會，討論該如何攜手在南亞制止這項危害。南亞童奴問題聯盟（South Asian Coalition on Child Servitude）一開始聯合了六十個組織，現在已增至兩百個。

消費者意識運動

早年工作時，我發現印度的地毯工廠雇用了成千上萬名成人與兒童，而當其他國家對地毯的需求漸增，童工的數量也跟著增加，於是我們明白眼前最急迫的事，莫過於讓外國消費者認識童奴與地毯兩者之間的關聯性。

在歐洲市場中，德國佔地毯消費的大宗，因此我們以這裡作為開展計畫的起點。一九九〇年，我們發起了充滿活力的消費者運動，並受到其他志同道合組織的公開支持，使運動很快地擴及英國、瑞典、法國和美國等地。打從一開始我們就向消費者、進口商和出口商清楚表明，我們並不是要減少地毯的出口量，而是要教育消費者拒買兒童所做的產品，教導他們應該堅持要求地毯上有個明確的「商標」，能幫忙核實生產過程中並未使用童工。

回到印度，此運動促使五十家地毯製造商立下不使用童工的決心，並組成「無童工地毯商協會」，其他產業的領袖也起而響應。我們和地毯製造商、國內組織和專家學者共同合作，一同制訂了「魯格馬克」（Rugmark）標籤。此商標系統在確認地毯生產過程不涉及童工後，會發行證明並持續監督。

我們也在尼泊爾的地毯業和孟加拉的服飾業等童工問題嚴重的產業嘗試推動類似的行動計畫。

此倡議活動受到許多國家領導人的支持。在美國的上下兩院，如參議員湯姆哈金（Tom Harkin）、眾議員喬治布朗（George Brown）和其同事提出了一項具時代意義的法案，主張禁止進口所有由兒童製成的商品。他們也公開讚揚我們的努力，與我們站在同一陣線。此舉更提振了運動的士氣。

我們更進一步意識到，認證進口商品是否涉及使用童工這件事，不該是進口商和政府的特權，而該賦予某個由各種利害關係人組成的專業機構來進行認證，其中應該包含出口國的非政府組織。我和美國的湯姆哈金、喬治布朗議員、他們的同事、法律專家、工會、人權組織和勞工部資深官員等人會面，試圖說服他們修正法案。

南亞童奴問題聯盟使童工問題成了全球注目的焦點，不單使消費者開始關心童工，更讓進出口貿易商首次承認此議題的嚴重性。這不啻為一項開創性成就。

群眾意識

為了教育民眾童工問題的嚴重性，向政府施壓以促使政府落實保障兒童權利的法條，我們運用新聞和電子媒體宣傳，舉辦靜坐、集會、抗議遊行和街頭表演。去年我們組織了從比哈爾邦到德里，共兩千公里長的遊行，沿途經過北方邦童工最稠密的地區，接觸了上百萬名來自各行各業的人。這趟鼓舞人心的遊行鞏固了我們往後的策略。

政治宣傳活動

我們在這個時期已明白必須盡快讓各政黨支持我們的目標，於是聯繫印度國會上下兩院的許多議員，安排與他們會面討論此議題。在敦促他們為數百萬沉默的童工發聲時，我們提供相關資料與圖表，以便他們在國會提出有力的質詢。

一九九三年預算質詢的特別之處在於國會首次被童工議題給撼動，而接下來的會期亦持續因政府對童工問題的麻木不仁而顯得劍拔弩張。受此巨大迴響激勵，我們提出成立兒童議會論壇（Parliament Forum on Children）的想法，約有五十位國會議員不顧黨派之爭同意加入此論壇。我們於一九九三年四月召開第一次會議時，共有十三位國會議員參加，並由前總統吉亞尼．宰爾．辛格（Gyani Zail Singh）擔任主席，論壇也在此時正式成立。此論壇目前仍活絡，最近一次會議是在一九九五年五月。

一九九三年十一月，我們和朋友討論後決定發起一項政治倡議，要在北方邦的大選中將廢除童工形塑成一項重要的選舉議題。我們稱這項倡議為「拯救童年運動」，並決心傾盡全力在全國各地發起相似的倡議運動。這運動帶來深遠的影響，引起上百個非政府志願組織，上千名村落領袖和志工群起響應，幫忙將訊息直接傳遞給數百萬人。

投入這項倡議的志工約有兩千名，他們聯絡來自不同政黨或獨立參選的約兩千位候選人，調查並記錄他們對包括廢除童工、童奴、提供所有兒童免費義務教育等議題的意見，並請支持者連署承諾。我們將支持我們理念的歸類為「支持童年」，不支持的歸類為「反童年」候選人，並藉由媒體喚起大眾關注這項新穎卻必要的理念，將候選人的名字都刊登在當地報紙上。現在，北方邦四百二十二位邦議會議員中就有四十七位「支持童年」。歷經十四年的扎根奮鬥，拯救童年運動終於成了韌性堅強的群眾運動。

不管你是勞工、倡議者、工會成員、人權機構創辦人、環保人士、作家、知識分子、律師、老師、醫生或政府官員等，我們都想邀請你向身邊的人分享我們的運動。剝奪孩子的權利將直接影響他的童年。若我們不努力恢復兒童的權利，我們的奮鬥不過是為了圖利己身的自私行為。

在運動中，我們認為為成年工人爭取權利的工會也能是廢除童工的重要推手。普遍存在的童工削減了成年工人的談判能力，更回過頭來影響了整個工會運動。我們著手將不同的工會集中在同一個對抗童工禍害的平台，並在一九九四年一月召開會議，會議上所有重要的工會成員都熱烈參與，並決心共同回應童工問題。反童工的工會論壇應運而生，其成員也自行發起其他相關活動。

宗教論壇

宗教領袖受其信徒尊崇，但其中有些人卻不是將影響力用在勸人為善上——那本應是各宗教的精髓——反而濫用其影響力以挑起不同族群間的爭端。每個宗教都相信兒童具有神的特質，因此我們認為動員宗教領袖和神職人員的支持至關重要。我們在一九九四年十月組織一個跨宗教的集會，邀請各信仰的人參加，催生了反童工的多宗教論壇。

與其他運動的連結

拯救童年運動間接串連全球其他追求正義、民主與人權的運動。期待透過參與那些運動，讓更多人認識童工問題。

從基本工資說起，如果廉價童工一直都那麼容易找，成年勞工就得不到合理薪資，但倘若父母得到合理薪資，我們也必須確保這些錢不會被揮霍在賭博、吸菸、喝酒或其他惡習上。所以我們的口號成了：「給大人工作，給小孩教育。」

再來談談住房。多數家中有童工的家庭都流離失所。在發展中國家，因反人權政策或其他災難而移出村莊的孩子、城市窮人的孩子，自童年時期就住在街上、車站外頭或月台等等。他們不得不從他們微薄的收入來滿足幫派或警察的需求，更深受性剝削、販毒、人口販運之害。我們為此創造口號：「讓人人有房住，讓孩子都上學。」

為了建造大壩而犧牲森林、淹沒農地的情況也令人擔心。我們支持環保運動所倡議的反濫伐和保護水源，目的在於（間接）保護兒童被迫遷徙，甚而成為赤貧的童奴。我們也反對區域的過度開發，支持將權力回歸給各邦政府。某些地區的自然與礦業資源持續被剝削（忽略區域的整體發展），只為輸送至已開發地區，令人不忍卒睹，因為在這樣的過程中，兒童就如同家畜一樣被買賣。

恰蒂斯加爾邦、烏塔拉坎德邦、本德爾坎德邦等地的孩子在有錢人富麗堂皇的家中當幫傭，就是鮮明的例子。這種思考反映在我們的口號中：「拯救童年，就是拯救恰蒂斯加爾邦。」

明理人都同意，在教養孩子的過程中，母親的角色至關重要。如果一個社會裡，女人不能獲得與男人同等的尊重，孩子的權益也將因此不保。我們進而支持爭取女權的組織，特別關注拯救女童免於性虐待的議題。

「拯救童年」運動也反對色情淫穢的時尚走秀、反對消費主義、反對損害文化與環境的觀光產業，因為在這當中，受害最深的仍是兒童。暴力攻擊、強暴、吸毒等事件都與日俱增。許多兒童出生即患可能危及生命的愛滋病，而這可怕殺手起因於不安全、未作防護的性行為。菲律賓、泰國、印尼、斯里蘭卡與香港等地都靠經營性產業來提振觀光，他們百分之十至十五的國民總生產毛額是來自這些產業，這不啻是在逼迫兒童跳入性剝削的火坑。印度、巴基斯坦、尼泊爾和孟加拉等南亞國家的數據也正急起直追，我們因而喊出口號：「拯救童年，終結暴力和落後的習俗」和「別再用性剝削來提振觀光——拯救童年」。

我們也加入戒酒反毒的運動，因為這些惡習最終都會傷害孩子。因此我們說：「戒酒救童年」、「戒毒救童年」。

有些以農立國的國家制定了會危害兒童的方案。政府那些歧視窮人和農業的方案，造成民生物資價格飛漲，傳統產業乏人問津，窮人只得從鄉下移居到城市和車站。我們極力主張政府為農產品訂定合理的價格，並立即執行適當的土地改革，將土地分給無地的佃農。在城市菁英殖民鄉村的同時，孩子的童年也被踐踏。「拯救童年」運動會將這些面向都納入考量。

在此，我們也應提及種姓制度與社群主義（註8）和債奴的不幸關聯。絕大多數的債奴都屬於哈里貞和其他落後階層。兒童是歧視、落後和社群衝突最直接的受害者。在智慧曙光臨到因種姓而生的種種問題之前，我們已經犧牲了太多孩子。

恐怖主義和社群狂熱分子讓多少孩子成為孤兒？他們難道不會心懷沮喪的成長，一心只想報復兇手嗎？因此我們提出口號：「消滅種姓和不可碰觸性——拯救童年」、「解放羅摩和阿拉之子，為國家謀福利」、「若羅摩與阿拉之子皆為奴，神廟與清真寺又有何用？」

我們認定，在以印地語教學的公立學校學生，是因政府的漠視，學習進展才會如此緩慢。政商名流付得起高額學費，送孩子去讀全英語教學的私立菁英學校。反觀城鄉中的底層孩子，只能在空地上或帳篷裡就著破爛的桌椅上課，也沒人監督老師的出缺勤。英文在各個具未來發展性的領域中佔盡優勢，畢業於以印地語教學的學校學生多半都吃虧，這是因為政府刻意忽視英文在課程中的重要性所致。我們反對這種雙面的教育政策。

最後，我想特別強調，我們必須為每個運動和其成就立下評判標準。能將好處惠及至家境落後貧困孩子的運動，才是真正有影響力的運動。若否，便不過只是目光短淺、自私自利、甚至自取毀滅的行為罷了。我們在此保證，只有正直明理的運動才和「拯救童年運動」有關。

註1：Pandit Jawaharlal Nehru，1889——1964。是印度獨立運動的參與人，不結盟運動的創始人，印度獨立後第一任總理，也是印度在位時間最長的總理。

註2：Rashtriya Swayamsevak Sangh。國民志願者聯盟是最有影響力並帶有軍事色彩的印度教教派組織。其宗旨是「保護印度教的民族、宗教和文化，促進其全面發展，進而復興古代印度教國家」。

註3：Saraswati Sisu Mandirs。推廣印度教教義的學校組織。

註4：Mandal Commission Report。此報告建議政府部門爲非因種姓、但因信仰等原因，使其社會與教育處境較爲弱勢的其他落後階層保留百分之二十七的受雇職位。

註5：Harijans。甘地前稱達利特（Dalit），屬不可碰觸的賤民階級，甘地則稱其爲「哈里貞」，意爲神之子，以避開原本種姓當中的歧視之意。

註6：Garhwa district。原爲比哈爾邦加瓦縣，現被畫爲賈坎德邦的一縣。

註7：Babri Masjid Movement。一九九二年，位於阿約提亞的巴布里清眞寺在印度教國族主義的催化下遭到印度教徒的破壞，他們相信此地原爲羅摩神廟，此舉引起穆斯林和印度教徒的衝突。

註8：Communalism。在南亞的脈絡下，社群主義通常指的是藉由建立對某宗教或族群的認同，來挑起對不同宗教族群的爭端甚而暴力。

兒童和民主

凱拉許・沙提雅提一生的信念是創建友善兒童的社會。他認爲童年不單指年紀，也提醒人們要保持單純的赤子之心。許多人要不是同情兒童，就是爲了自身利益利用他們。沙提雅提強調，要創造更文明而安全的美好世界，重點在於透過將國內村莊改造成友善兒童村莊的成功實驗，創造對兒童友善的社會。增加友善兒童村莊數量的任務正持續進行中，藉此引進根本而有效的變革，包括讓兒童參與並領導不排除任何人的民主制度、以兒童爲中心的發展計畫、根絕兒童剝削、確保全民教育和男女平權等。他也作文闡述相關的思考背景和實際行動。本篇最初發表於二〇一一年一月，此文爲修正後的版本。

——編輯語

二〇〇一年，當我們正在拉賈斯坦邦齋浦爾的納蘭普拉村（Navrangpura village）和村民開會時，幾乎全村男女老幼都到場了，或許這是那裡首次有這樣的集會。「拯救童年運動」前一年在此村發起「友善兒童村莊」的實驗計畫，村民、村評議會（Gram Panchayat）及兒童議會（Bal Panchayat）在成功選出新一屆的兒童議會後齊聚一堂。十二歲的赫拉瑪以兒童議會代表的身分出席，我問她注意到村子裡有什麼因「友善兒童村莊」而起的改變，她思考一陣後略帶畏縮地說：「最重要的是，像我這樣的女孩可以用麥克風說話，還有這麼一大群女人可以不戴頭紗（*Ghoonghat*）地坐在這裡。」不同於以往，縱然村中長者也參加了集會，婦女們仍可以坐在講臺邊。我問了更深入的問題：「能不能告訴大家，你自己的生活有沒有也因此改變？」深思半晌後她說：「最近當媽問爸午餐她該煮哪些蔬菜時，爸爸會說她可以自己決定或是來問我。」

這件事非比尋常。不只拉賈斯坦邦的遙遠村落，在我國數百萬個鄉鎮市中，連家中每日菜單這等小事都是由男人決定。赫拉瑪用麥克風回答後，我便趁機向在場觀眾拋出一樣的問題。許多人應和道：「就算小孩也有自己的意見，所以我們已開始讓他們參與決策。」

驚訝之餘，我更多的是被喜悅淹沒。此前我未曾聽聞或親眼看見村落中的孩子能說出自己心聲。看到我們的理念開始具體成形是莫大的祝福。

印度仍有五千多萬名童工，沒上學的孩子也差不多是這數量，說不定他們是同一群孩子，從此注定被困在貧窮的惡性循環中。這裡頭，七成的孩子來自鄉下。甘地曾說：「印度的靈魂居於鄉村。」而我認為，印度的靈魂壓根兒就是村裡的孩子，特別是那些貧困受壓迫剝削的少數族群中沒書可讀、必須下田工作的女孩。對我而言，赫拉瑪的自由絕對是想喚醒印度靈魂的一個謙卑嘗試。

一年多後，我們再次遇見十三歲的赫拉瑪時，她正試圖對抗想把她嫁出去的爺奶叔舅姑姨們。雖然她父母並不全然贊同此事，但赫拉瑪早在五、六歲時就被許配給一個遠房親戚的兒子。她的父母也害怕若現在取消婚約，會被旁人批評為不守承諾。

村裡有許多童婚案例。在印度，這項不合法、不人道、歧視女性的習俗是項備受尊敬的規範。因此，赫拉瑪的反抗絕對是種突破。「友善兒童村莊」的工作人員協助號召村民來幫助赫拉瑪，村中其他女孩、年輕人和學校老師都盡了分心力。最後她終於打破這項陳腐習俗，將婚事取消。敢於違抗長輩之意、拒絕婚事的女孩實為罕見。

兒童：永恆的能量泉源

塞納博、安南德、拉希雅、普佳、薩吉達、蓋雅翠、拉吉庫瑪莉、佩拉塔、拉吉尼、沛普拉塔、琵安卡、拉里的名字和臉龐浮上我心頭，使像我這樣的社運者相形見絀。這群孩子起身為自己對抗封建社會的傳統，說他們的行為體現了「孩子是國家未來的棟樑」這句格言並不夠完整，孩子也是國家的現在。

這些孩子當中，有的致力於釋放自己村中的童工，並協助他們入學；有的提出學校裡師資不足、沒有獨立的女生廁所、沒有穩定提供的午餐、沒有足夠的乾淨飲水、沒有圖書館、沒有圍牆、沒有合適的教室，甚至還有要求學生繳交學雜費以營利等問題。他們的倡議工作做得很好，是拯救童年運動在友善兒童村莊計畫中最重要的夥伴。目前我們仍在推動使三百一十七個村子成為友善兒童村莊的計畫，大部分已改革成功，還有八十個村子仍在改變的路上。這歸功於我們在村子裡蹲點的工作人員，他們對社區和兒童的培力使這項理念成真。

十五歲的桑托許來自齋浦爾的札格普拉村（Jagatpura），她作為兒童議會的領袖立下了一個絕佳模範。十二歲之前，桑托許都是個幫附近人家打掃家裡的童工。當札格普拉村被選為「友善兒童村莊」預定地時，村裡從未有女孩上過學。當我們的工作人員開始宣導童工對村子的不良影響，桑托許在認真聽講後做出實際行動，堅決告訴父母隔天她就不要再去工作。即使他們嘗試說服或哄騙她得對雇主負責，她仍不屈服。最後，這個難對付的孩子獲勝。

桑托許的下個挑戰是註冊入學，但她既沒有出生證明，也沒有其他證件。歷經一段長時間的奮鬥，並透過我們的幫忙，她最終得以入學。再晚都比沒有好，桑托許宛如新生，就像是女戰神杜爾迦（Durga）的化身，她立志要消除兒童被剝削與不識字的狀態。沒人知道她是何時又是如何下定決心要讓所有札格普拉村的女孩都不再需要工作，都能去上學。成了領袖的桑托許，讓我們的倡議者都願意跟隨她的指揮。每條街道、每個小屋、以至於貧民窟的每戶人家都是她關心的範圍，她不厭其煩地試圖說服家長們不要送他們的孩子去工作，改讓他們去上學，傾注所有時間做這件事，在父母起床前就動身，做到父母入睡後才結束；還拜訪那些雇用童工的人家，警告他們若不停止，最後會有牢獄之災。

桑托許很聰明，在倡議時，她總是隨身攜帶「拯救童年運動」的小冊子和傳單，用粗體字強調法條中的罰則。雖然花了兩、三年之久，但辛勤工作最終有了回報。她成功解放了一百六十一位兒童，並協助他們入學就讀，當中許多孩子原先的工作是撿垃圾。二〇〇五年，在「童工與教育的世界議會」（World Congress on Child Labour and Education）上，桑托許在印度教育部長和來自其他國家的代表面前敘述了自己的掙扎與成功，他們全都聽到起雞皮疙瘩。

時間來到二〇〇九年，我們在新德里的甘地紀念館（Gandhi Darshan Bhawan, Rajghat）舉辦了友善兒童村莊的全國兒童議會（*Rashtriya Bal Mahapanchayat*）。一百五十個兒童議會代表幾乎全到場與會，那場盛會的主要嘉賓是最高法院的大法官——夏瑪博士（Dr. A.K. Sharma）。孩子興奮地述說他們奮鬥的過程和達到的成就，連夏瑪博士都和我們一樣驚訝。聽他們分別訴說時間會拖得很長，於是我要孩子們一起用舉手來回應故事。在我問到去年誰曾幫助解放三百名以上的童工並使其入學時，有四十五個孩子舉手，尤有甚者，僅在會議期間就有超過四千個孩子脫離童工身分去上學。八十一個孩子推動學校蓋新廁所，其中多為女廁。四十九個孩子促使學校提供乾淨飲水。三個勇敢的孩子說服所屬村莊放棄童婚習俗。

我們在二〇一〇年於拉賈斯坦邦舉辦的全國兒童議會中聽到的故事一樣深具啟發性。我先請孩子們用舉手來列舉不同的成就，隨後再請他們個別講述自己的故事。整個禮堂滿溢著不尋常的興奮，我謹記孩子在朋友面前向我訴說自己人生故事的熱情。不論是來自賈坎德邦的偏遠地區部落、北方邦密拉特市的穆斯林村落、比哈爾邦中最貧困落後的居民或拉賈斯坦邦山區的孩子，沒有人想落於人後，尤其是那些年紀較小的女孩，雖然外表純真害羞，內心卻都藏著無盡的能量。就算他們個別的故事不到名留青史的程度，卻仍是保護兒童權利史上不可磨滅的足跡，他們的努力不僅加速了國內保障兒童權利的進程，其影響更擴及世界。

議會中，六十六個孩子共協助解放六百位兒童，使其重獲受教的機會。十五個孩子為使學校承諾蓋廁所而發起抗爭。十八個孩子促使學校提供乾淨飲水，另外十五個孩子成功使學校蓋新校舍。

在這些孩子當中，還有六個孩子促使小學升格至國高中程度，兩個孩子採取行動使學校增聘老師，三個孩子說服當局依政府方案發放免費課本，兩個孩子阻止了學校非法向學生收費，並成功讓學校退還先前強徵的費用給家長。一個孩子成功阻止了村裡的童婚。這一切全是他們在二〇〇九至二〇一〇的一年內所達成的成就。

創設「友善兒童村莊」的需求

說了這麼多，「友善兒童村莊」究竟是什麼？為何有必要存在？創設的過程為何？「拯救童年運動」對它又有什麼宏大願景？運動中的每個倡議者與領導人都該知道這些問題的答案。首先，讓我們先來談談為什麼「拯救童年運動」覺得有必要創設「友善兒童村莊」，以及這需求始自何時。

找尋新策略，為自由出奇招

我們反對債奴和童工的運動始自一九八〇年。雖然現在我們同時運用許多不同的策略回應問題，但最初的當務之急，是出其不意的突襲搶救行動。瓦沙爾汗是十四歲女孩薩寶的父親，他們家和其他家庭在十七年前被掮客帶離北方邦，轉賣給旁遮普邦擁有製磚廠的幾戶人家。長達十七年，這些窮困家庭只能以債奴身分賺得每日糧食。不只薩寶，其他家的很多孩子也在那裡出生後就投入製磚工作。但暴行遠不止於此。瓦沙爾汗某天發現工廠主人計畫將薩寶賣給妓院，便想盡辦法逃離磚廠。那時我們正發行為弱勢群體和社會底層發聲的《持續奮鬥》（*Sangharsh Jaari Rahega*）雜誌，在因緣巧合下，有位雜誌讀者幫瓦沙爾汗找到我們。我們在了解事情的嚴重性後，認為單純的紀錄不足以幫他，便計畫了一場突襲行動以搶救薩寶等人。第一次我們鼻青臉腫的鎩羽而歸，但未氣餒的我們最終仍促成他們的釋放，這便是整個運動的緣起。那時我們尚不是一個組織，是這起和後續幾起類似事件讓我們看見成立組織的必要性。

最初，我們將組織命名為「解放債奴運動委員會」（*Bandhua Mukti Abhiyan Samiti*），也想了其他名字但都被否決。隨著組織日漸增長的工作量與名聲，幾位資深盟友的野心也跟著水漲船高。也有政黨想利用我們這群志向遠大的人，致使組織內部有不少起伏與分裂。儘管有這些風波，「拯救童年運動」從未在理念和操守上作出讓步。我們根據家長申訴或其他來源的線索規畫出其不意的突襲行動。因爲印度自一九七六年來就有禁止債奴的法律，我們便將每個案件送審，讓孩子得以依法脫離債奴身分。此法不僅有懲戒工廠雇主的條文，也承諾幫助孩子回歸正常生活。突襲工廠也有其他好處，一來是消息會在附近有使用童奴的各產業或家庭間傳開；二來是能充分借助媒體的宣傳力量，幫助人們認識債奴和童工議題。當被救出的孩子回到村裡，將自身經歷告訴其他村民時，社區也會開始對掮客和人口販子有所警覺，更懂得如何保護孩子。

只有突襲行動能讓那些已為人口販運和債奴制度所害的孩子重獲自由。一九八一年至今，已有七萬八千名孩子因此策略獲救。

組織工會

一開始，大多數的成人和兒童債奴都是從製磚廠和採石場中被救出。掮客習慣先鎖定一些家庭，再想辦法把他們賣給別人為奴。因著社會普遍缺乏資訊與認識，政府官員與工廠主的勾結，加上沒有能幫助自行逃出或被救出的孩子恢復正常生活的政策，更由於我們自身能力的限制，我們不可能光靠突襲行動救出全部的人。為了因應這種情況，我們有了在採石場和製磚廠成立工會的新構想。所有童工和債奴都服務未受勞動法規範的非正規行業（unorganized sector），他們根本不知道法律有保障最低薪資。

在正規行業中，童工和債奴問題並不嚴重。一九八二年，我們在法里達巴德（Faridabad）成立第一個採石工人工會，後來更成為全國性的工會。同年，我們也在製磚廠成立工會。那些真實身分為罪犯的雇主強力抵抗，甚而暴力襲擊我們，或許你找不到哪個老戰友身上沒有當時留下的傷疤。我們的辦公室遭人縱火，夥伴頓達斯和阿達許．基修爾也因此殉難。

這兩個工會帶來強而有力的影響，勞工們開始意識到自身權益，並開始為他們的孩子要求教育和健康照護。靜坐、罷工、遊行、抗議樣樣都來，終於促使國家政府為採石場和製磚廠工人制定基本工資。在這之前，則是工廠主想給多少就給多少。一旦基本薪資和其他法律條文開始施行，接下來的優先事項便是讓孩子上學受教，於是工會自行創設了十二所學校，政府不久後也開始分配預算給這些學校。在哈里亞納邦的法里達巴德（Faridabad）、古爾岡（Gurugram）和拉賈斯坦邦的拉姆甘傑曼迪（Ramganj Mandi），兒童入學率幾乎達到百分之百。

司法制度的支持

那段日子，我們開始感到法院和眾多的法律程序對窮人並無助益，特別是對非正規行業的工人而言。我們學到兩件事，並逐漸將其轉化為往後的策略。首先，要確保整個行政系統的活化，必須從最高層級，也就是從最高法院和高等法院提高對議題的敏感度。第二則是要發起倡議反童工和反債奴的運動。我們是最早使用公眾權益訴訟（註1）的先鋒，並以此方式為債奴童工尋求正義。我們為牽涉到製磚廠、採石場、曼德紹爾（Mandsaur）的石板筆產業、北方邦的地毯業、坦米爾納度邦的火柴盒業、仲介公司等的童工債奴問題和最高法院斡旋，並得到了歷史性的判決。即使到了今日，「拯救童年運動」仍是借重司法制度處理諸多議題的先驅。

二〇一〇年，最高法院大法官作出重要判決，要求國家法律服務總局（National Legal

Services Authority）和「拯救童年運動」共同開設兒童部門，並交由「拯救童年運動」總部管轄。

需要一個運動

我們的組織一直為運動效力，首要之務在於培力曾受童工所害的孩子，有天能轉而起身領導。我們相信組織有責任協助孩子處理自身的痛苦與焦慮，培養他們的創造力，但孩子和父母也該繼續努力，在往後的各階段守護自身的權利。我們發起許多活動，務使未受其害的一般民眾也能關注運動，這些持續進行的活動仍在各地發揮影響力。

一九九四年我們從比哈爾邦的帕拉木（Palamau，現轄於賈坎德邦）走到德里，一九九五年從科摩林角（Kanyakumari）走到德里，一九九六年從加爾各答走到加德滿都，我們用抗議遊行表達反童工訴求的方式在國內掀起了浪潮，使得政治人物終於開始關注童工議題。一九九八年，我們組織了全球性的反童工遊行；二〇〇一年，呼求教育的抗議遊行也成功落幕。這些成果促使我們試圖找來更高層的領袖代言，強調雇用童工不僅桎梏心靈、阻礙發展，更是犯法行為，是禍害無窮的社會之惡，呼籲更多人一同響應運動。

除了藉長途遊行來闡明運動決心，「拯救童年運動」還做了許多創舉。各種宗教領袖比起志願服務機構更容易獲得民心與支持。我們努力吸引他們關注運動，例如邀請各宗教的重要領袖參加一九九四年在德里舉辦的反童工大會。會議很成功，宗教代表們共同簽署了反童工宣言。類似的活動在各地不勝枚舉。

「拯救童年運動」嘗試吸引國內各工會組織支持反童工的創舉也令人稱頌。一九九四與一九九五年，我們盡力讓商業公會了解反童工的重要性，並促使他們主辦眾多會議。我們也以同樣的方式創建了一個非政府組織平台，最先組成了南亞反童工組織，後來更成立了「全球反童工遊行」的廣大聯盟。

消費者意識改造活動，向企業問責

隨著運動的發展，我們開發另一項策略。我們觀察到童工製造的產品，如西瓦卡西（Sivakasi）的煙火、密札浦——巴多希（Mirzapur-Bhadohi）的地毯，在國內外都被廣泛使用。但實際上，許多消費者都有同理心，他們只是不知道自己買的鞋子、衣服、食品是犧牲無辜孩童的血汗製成，更不知道有可以取代這些商品的其他選擇。更何況，一整條包含了本地仲介、供應製造商、國內企業、代理商、國外進口商和賣家所組成的產業鏈，不是那麼容易破解。

供應鏈的每個環節不僅因廉價童工而獲利，更因黑金而累積了雄厚財力，我們必須同時從需求與供應端兩面夾攻才行。在供應端，必須對這些公司提起法律訴訟，在需求端，消費者必須對童工問題有感並付諸行動，如此一來，企業才會因公眾壓力不得不負起責任。於是，「拯救童年運動」在九〇年代開始推行消費者覺醒運動，發展之迅速更帶出了「企業社會責任」的新討論，消費者也開始萌生道德責任感。

此一策略對於外銷國際的地毯製造業最有成效，在國內則是對煙火產業最具影響力。全球三分之二以上的地毯是在印度、巴基斯坦和尼泊爾製造，多數外銷至西方國家。提倡零童工地毯的運動始於一九九〇年，大家突然一窩蜂地想買保證製造過程未使用童工的地毯，這給我們帶來挑戰。還好我們在九五年連同國內外組織，想出能提供保證的方法。我們創立了「魯格馬克」的辨識標籤，其背後的機構有權監督地毯製造的各階段，並發證給確認未用童工的製造商。受認證的地毯上會有「魯格馬克」的封印，這便是全世界第一個確保產品使用零童工的標章。因著此範例，各國更有了為符合倫理規範製作之商品設計標章的新概念。這些策略，尤以提升消費者意識並向其施壓這一環，大大衝擊了本來共雇用的一百萬名童工的南亞地毯業，使其數量銳減至二十萬名。大量的兒童從還債的勞役中被解放，相近數量的成人則獲得工作。

而在印度的坦米爾納度邦，從西瓦卡西（Sivakasi）、維魯杜納加爾（Virudnagar）到薩圖爾（Sattoor），一直都有孩子在為煙火業工作。由於我們的運動，這些地方的童工數量也因而銳減，我們甚至在九〇年代成功於印度教重要的排燈節（Diwali）慶典抵制煙火，更在上萬間學校發起活動，邀請數萬名學生用「燒蠟燭來慶祝燈節，別燒了我們的童年」的標語來杯葛煙火。後來，就連大公司都必須放棄在工廠雇用童工，甚至還得大肆花錢廣告自己不愛用童工。

直至今日，「拯救童年運動」仍扮演著先鋒角色，不論是在紡織、雲母礦、地毯等產業，你都能看見我們的身影。

倡議童工復健之家

如何使直接或間接被救出的童工恢復身心健康仍是最大的挑戰。要等他們回復正常生活，才能將他們重新連結至主流社會與教育。同時我們也得確保這群孩子不會再次落入童工、貧窮與文盲的循環中。我們說服政府為恢復過程負全責以正面迎擊這些挑戰。民間組織當然可以提供協助或立下典範，但最終政府仍應是責任承擔者。經過我們的努力，中央與邦政府為抵債勞工開辦許多復健計畫，並獲得不錯成果，但對於童工，政府卻遲遲未有較具體的方案。

透過創設自由之家（Swayam Mukti Ashram）、女孩之家（Balika Ashram）、力量之家（Bal Ashram），我們的運動能提供獲救童工立即保護與部分的復健活動。過去兩年來，上萬名孩童因此獲益。「拯救童年運動」也努力確保政府資源能幫助到最需要的人，例如不厭其煩地拜訪司法部門，確保我們能根據政府方案，將數百萬盧比分配給上萬名獲救童工。

童工和鄉村

鄉下地區通常童工現象嚴重，是兒童販運的源頭，因此對獲救童工的復健也是挑戰。文盲、貧窮和童工的惡性循環在鄉村顯而易見，有如雞與蛋的關係，換句話說，就是互為因果的情況。在鄉下，人們仍相信如果窮人小孩不工作，他們要不是會餓死，就是去當小偷。簡而言之，他們相信童工是必然的命運。另一方面，長達數世紀的種姓制度和宿命論加重了綑綁心靈的枷鎖，許多窮人相信是自己上輩子造孽或由於某種不幸，才導致他們出生在貧窮或低種姓人家。所以，他們不會覺得自己的孩子去當童工是什麼不尋常的事，這對他們來說算不上折磨，這種心態對女孩的箝制更為嚴重。

總的來說，窮人孩子普遍都要下田工作，負責放牧牛羊吃草。隨著政府近年的努力，孩子註冊入學的比例增加，但學校名冊上的名字卻常被發現是造假，那些孩子要不是繼續留在田裡或家中工作，就是被人口販子賣到工廠、礦坑當債奴。必須注意的是，雖然政府正為鄉村學校的基礎設施大興土木，但師資短缺、校舍老舊與不足、種姓歧視、教師的封建狹隘心態、教學方法不當、未能尊重和友善對待兒童，特別是女童等問題，都將窮人家的孩子排除在公立學校之外。經濟能力較好的家長，甚至老師自己都將小孩送去如雨後春筍般竄出林立、收費昂貴的私立英語學校。在認清這些阻礙後，我們開始思考如何才能幫到社會底層。

四種與兒童的關係

除了人類，動物通常也會照顧自己的後代，並給予牠們關愛。每個父母為了下一代無不竭盡全力，但多數時候，關愛只限於自己的親生孩子。父母的生活方式、心理狀態、道德責任感、奮力掙錢到貪污詐騙等事，幾乎都與孩子有關。若不限制富人，尤其是暴發戶對孩子的溺愛，將創造出扭曲的消費主義、病態競爭、滿不在乎、報復與暴力心態、過度的心理壓力與挫折等問題。我們一面看到年輕人的開車肇事、用藥、暴力和性侵等行為有增加的趨勢，一面又看到他們在各種測驗和比賽中因表現不好而過度沮喪，甚至產生自殺傾向。這些情況都源於對孩子的過度溺愛及不合理期待。

反觀另一種關係。放眼世界，高尚之人對孩子保持仁慈的態度，施惠救濟對他們而言是再自然不過的事。有些人則認為提供藥品、衣服、食物便是為兒童福利盡了分心力，其中也有人是以辦學、開孤兒院、或捐物資給機構來表示。第三種人則完全相反，他們從不錯過剝削窮困兒童脆弱身心的機會，這種人的心態可能從小就邪惡。擺在眼前的結果是：

成千上萬名孩子如同物品般憑空消失，難以計數的女孩受性侵、騷擾而身心俱疲，買賣孩子所需的價格低於牛隻，數百萬名兒童被迫成為童工與債奴，兒童們的器官在國內外均以高價售出。不管是在五六月的熱季，或是歲末年初的寒冷冬夜，犯罪集團逼著這些孩子在交通號誌、宗教聖地和車站附近乞討。很多孩子被截肢，只為了勾起人們的同情心以乞討到更多的錢。

還有比讓年幼孩子去製作足球、板球和其他運動用品更令人羞恥的事嗎？我在密拉特（Meerut）和賈朗達爾（Jalandhar）遇到每天連續花十二至十四小時縫製足球的孩子，他們每個人細瘦的手指都因此受傷流血。而在曼德紹爾（Mandsaur）和馬爾卡普爾（Markapur）負責製作石板的孩子，則都夢想有天能用石板和粉筆學寫ＡＢＣＤ等字母。數以萬計的孩子在編織地毯，在衣物繡上華麗的金屬絲線，他們會做背包、皮包、鞋子、皮帶、帽子等各種東西。這些產品在紐約或倫敦的精品店用你難以想像的高價賣出，但製作這些商品的孩子與其家人卻連衣服都穿不暖，更別說有可以遮風避雨的房子了。

很多孩子的童年與未來，就如同被用來鋪橋造路的石頭一般，都被摔成碎片，更不可能會有在那些公路、橋樑上騎腳踏車的機會。在製磚廠造磚的他們，血液已被染色，為了燒製強度更高的磚，孩子們的神經系統也跟著被燒壞了，卻還是不能像我們一樣住在用磚瓦砌成的房屋。用來慶祝排燈節、十勝節（Dussehra）、婚禮、生日、政治人物勝選的絢爛煙火帶給我們歡樂，但我們卻忘了只要一個小失誤，這些易燃物就能把孩子炸得面目全非。更諷刺的是，當這些孩子在製造點亮人們家中光明的燈泡時，他們嬌小的身軀正被熔鉛的煙霧所摧殘，生命則被推入黑暗裡。

多數人都屬於漠不關心卻又偽善的第四類族群，他們就算親眼目睹這些發生在身旁的事，卻還是把頭轉開，更不可能去思考孩子的困境。他們的特點是能力不足、自私自利又自以為是。

與兒童保持友好關係

一般人都能看出成人還未能和兒童建立起健康的關係，要平等地對待兒童似乎不大可能。在充斥著對孩子有不合理期待、過度的溺愛與寬厚，同時又有剝削而冷漠無感的環境下，談論和孩子當朋友似乎是件奇怪的事。但友誼包括信任對方、相互尊重、彼此學習、勇敢表達、互助互愛等。我們之中有多少人不是只寵溺孩子，同時也尊重他們？不是只拿他們來炫耀，而是真心相信他們的能力？捫心自問：你曾經鼓起幾次勇氣向孩子學習？你和他們維持著什麼樣的關係？

現代社會視童年為愚蠢的同義詞，當大人犯錯，我們不直接說他們笨，而是委婉地說他的行為「孩子氣」或「這人不成熟」。當大人表現傑出時，我們也沒聽過有人用「好棒喔！你做的事好孩子氣！」的方式稱讚。認定小孩就是無知愚笨或調皮搗蛋，而大人一定有知識和智慧的想法形塑了這種心態。自小學到此信念後，我們便一直帶著從前人繼承而來的價值觀。

我們的心智旅程由同意與附和展開，而不是從學習和認識起步；始於句點，而非問號。

千禧世代的我們被灌輸的思想是：只有宗教或科學教導是真理。我們忘了看似不同的宗教和科學，各有相關言論和事實來支持自己的假設和價值，這也表示，它們其實是被人所創造或發現的，但我們卻未曾親自檢驗就視它們為真理。知識並未使我們更加好奇，而是使我們好為人師，想把那些自己認定為真理的現成觀念灌進別人腦袋。不管我們是因印度教祭司或耶穌基督的話語，還是因達爾文實驗或老師的批評懲罰而表達同意，最終，我們都得同意些什麼。

隨著我們不斷吸收所謂的資訊、知識與他人信念，虛榮感也跟著油然而生。這樣的我們要怎麼和心靈純真，尚未被任何宗教領袖話語，或以科學之名提倡的科技消費主義給污染的孩子建立友誼呢？

可以用在二十五層樓高的大廈爬樓梯來比喻我們和孩子的關係，他們才正要上二樓時，我們卻自認已身處十或十二層樓高了。隔著這段距離要怎麼和彼此擊掌？我們有可能並肩而行嗎？我知道這話聽起來可能很怪，但請大家試著往內心探索，想想怎樣才能和孩子成為朋友？

在印度社會，我們以克里須納（Krishna）和蘇達瑪（Sudama）的友誼為例。克里須納是國王，蘇達瑪是三餐不繼的窮人。蘇達瑪的太太說服他去見克里須納，當他們相見時，克里須納平等待他，讓朋友坐上自己的王位，幫他洗腳並爲他龜裂的雙腳上油，還二話不說就施法將蘇達瑪的家變成宮殿。妻子若沒阻止，克里須納或許會調換兩人的身分地位。慈善並非友誼的真諦，尊重才是，裡頭容不下虛榮，只有深刻的平等。故事裡的克里須納在朋友到訪時離開王座趕到大門迎接，但當我們舒服地坐在椅子上時，卻讓孩子坐在低於我們的地板上。我們對辦公室座椅的眷戀，一如我們對地位的眷戀，座位擺設象徵我們的關係。生活中方方面面都將我們與兒童分別，多少人在與孩子相處時，能提起勇氣離開座椅和他們平起平坐？若我們連這都做不到，我們如何和他們建立友誼？

實踐很難，要拋棄日積月累的知識、智慧、習慣、心念本就不易，更何況面對的是那些我們可能認為無知和愚笨的孩子。

兒童的權利在哪裡？

回過頭來談前面曾提及的兒童權利。法律保障權利，意即法律應為權利被剝奪之人找回正義。社福機構、政府、國際組織已提出許多促進社會和諧與平等的方法，其一是基本人權，其二便是兒童權利。二戰後國際情勢緊張，各國認可人權宣言是面對未來挑戰的工具，其中涵蓋了全世界所有男人、女人和兒童的權利。四十年後，一分獨立闡明兒童權利的文件問世，名為兒童權利公約。

事實上，制訂人權並依此頒布法律並非易事，要弭平千年以來的傳統、信仰、教條、心態、政治體制、經濟壓力與人性貪婪等之間的矛盾，還要在過程中秉持著公正平等的理念，才訂得出法律條文。這也是為何制定國內外關注兒童、女性和窮人權益的法律如此困難，要落實保障權益的法律更是一大挑戰。

這也是為何社會現實與人權訴求總有道鴻溝。那些權利被剝奪之人，無能使法律為其效力，但反觀那些剝削者，個個都精通如何運用司法系統保障自身利益。

兒童權利也面臨此困境。我們不可能期待孩子無端就能懂得自身權益，但要把這些訊息傳達給他們的父母和其他貧窮人家是更大的挑戰。在九〇年代，兒童權利的內容獲得許多改進與調整。知識分子、研究員、分析師、大專學校的社會學系所、政府的兒福部門和各非政府組織突然興起，舉辦各種國內與國際研討會議，以兒童權利為主題的文章也大量產出。但根本的問題始終不變，在百家爭鳴中，有誰看到十二歲的地毯製作者那格須瓦在排燈節被煙火燒傷？當我送他到醫院時，他全身有百分之七十的灼傷，連醫生都忍不住咒罵起本國的司法憲政體制。那格須瓦唯一的錯只是試圖在雇主忙著慶祝排燈節之時逃走。當十四歲的古拉寶在我懷裡離世前哭求幫助的時候，這些兒童權利的文件有何用？她不過是個在採石場工作，患有肺結核的孩子啊！各種研討會、會議、培訓都在進行，但同時間，在中央邦的比拉斯布爾縣（Bilaspur）薩特南米部族（Satnamis）的房子遭較高種姓的暴民縱火，只因他們將自己的孩子送去高種姓孩子就讀的學校上學。

我並不是在否認為兒童權利所做的努力，也不是要忽視或貶低它。我想講的是良心，還有無法將聲稱要幫助孩子的書面文字，落實成改善受害孩子生命的空洞。權利和法律不是只在書裡，重要的是在我們的生活方式、文明和文化中去實踐它。嘴巴上講兒童權利是一回事，時時刻刻在我們的生活習慣和與人互動中活出它又是另一回事。我們全都必須先回過頭好好凝視自己，搞清楚我們只是在空談兒童權利，還是真的有在試圖活出這理念。

兒童權利的構想和鄉村的真面目

在印度鄉村談論兒童權利仍是道難解的謎。父母老師鄰居親戚、童工的老闆、醫生、公車司機及車掌等人都和兒童有密切往來，但其中沒幾人擁有關於兒童權利的正確知識，也很少以友善尊重的方式對待孩子。人們不覺得讓孩子對與自身有關之事表達意見，參與在發展計畫中，過受人敬重的生活，以至於確保他們享有教育、健康和成長機會是他們的基本權利。其中幾項如教育、醫療等相關事務甚至被認為是執政當局的特權，是政府官員、村評議會、校長和醫生等專業人士才有的專屬物品；而讓孩子參與及表達意見，則抵觸了社會的傳統心態，傳統思維裡沒有讓兒童參與決策過程與公投的想法。

人們仍視女孩為社會的負擔，所以才有出生前遭墮胎，或出生後遭殺害的事件發生。誰家生了男孩，就敲鑼打鼓宣告鄉親，但若生的是女孩，則要在門外摔破陶罐。若你不懂印度文化，摔陶罐通常是在哀悼有人過世。食物總是優先給男人與男孩食用，女人和女孩只能撿菜尾。女孩沒有像男孩一樣在外閒晃遊玩的自由，但沒錯，走到數哩外取水，把動物飼料和生火用木柴全裝在頭上的容器中帶回，絕對是女孩的責任。女孩不被鼓勵讀書，從小就被要求為結婚及在夫家的生活作準備。年輕女孩若不趕快結婚，就會被人另眼相待。缺乏受教機會也沒有自由，她們別無選擇，只能留在被詛咒的生活，每天重複做著無盡的家務瑣事。

貧困父親若染上酒癮，會影響孩子的一生。不管借錢是為了買酒或舉辦婚喪節慶，償還方式就是送孩子去當債奴。總之，這些孩子的幸福與福祉不會是家人優先考量的事。

適合在這邊和大家分享的是，一九九二年潘查亞特制度法（註2）通過後，包括鄉村發展的預算、鄉村方案的決策、施行與管理都被畫入村評議會的管轄範圍。這是個重大創舉，其中更具改革性的一步是為婦女或那些數世紀以來都被認為是賤民的社群設立特別保留席位。潘查亞特制度的成果不論好壞都成了公眾焦點。

下放治理權力的腳步變快了，或許也讓貪污進入基層的速度跟著變快。這發展的好處在於，若為鄉村服務的村評議會成員或縣府公務員等人有貪腐行為，會比以前更難掩過飾非，因為現在很多人參與了鄉村治理工作，一定會有人聽到風聲。但也不是每個人都會貪污，女性和較年輕的議會領袖更傾向學習和創新，他們很少被捲入貪污醜聞。全印度有七成的兒童都在鄉村，因此，保護兒童權利必得與村裡現行的系統相配合。

知情權法（註3）對普羅大眾來說是十分有用的工具，但前提是他們知道如何運用，使其發揮最大功效。要確保政府將社會福利安全政策徹底付諸實行，絕對少不了民眾的參與。聖雄甘地全國農村就業保障法（Mahatma Gandhi National Rural Employment Guarantee Act）、全民受教計畫（*Sarva Shiksha Abhiyaan*）、免費學校午餐、免費義務教育等法令與政策，不論新舊都需要公民的投入甚而起身領導。

深入了解這些議題後，我們決定「拯救童年運動」需要新的倡議行動。

改變非政府組織的優先順序與信條

在本節我想強調工作所面臨的挑戰，與非政府組織領域中快速變遷的價值觀和優先順序。我不會談太久遠的過去，就讓我們從我和朋友在約三十年前創立「拯救童年運動」開始說起。一九八〇年代以前，「非政府組織」一詞尚未被創造或流入我國，當時的民間機構一直是繼承甘地思想、著重整體進步（*sarvodayi*）的自發性努力。各種文化、社會、宗教組織致力於大規模的福利救濟、婦女與達利特人（註4）解放計畫，亦是我國數世紀以來的傳統。例如，遍布全國可讓人免費短暫借宿的收容所（*dharmashalas*）或小旅社（*sarais*），完全是出自印度本土的設計。沒有哪個君王或政府能像印度社會這樣，提供這麼多的飲水井（*pyau*）、供人遮蔭會結果子的樹、免費醫療站及社區免費餐廳（*langar, sadavrat*）。關注人類福祉一直是我們社會的一部分，這也深深地影響了甘地的運動。

一九七〇年代，年輕人不滿當權政府的獨裁，便以民主而帶有創意的方式回應。數以萬計的青年男女以投身重建國家的運動為目標，這些運動最後成功促使政權更替。一九七七年，有的人留下來組成新政府，但多數人帶著促成社會改變的決心與意識，再也沒回去讀書或工作，他們另組小團體移居鄉村，在那裡努力加強人們追求公平正義的社會意識。有的人則對政治體制感到幻滅，變成了納薩爾派（註5），潛入山林之中。在一九八〇年代，對婦女兒童權益、環境與鄉村開發、著重公眾利益的經濟政策、賤民權利、非正式產業的債奴等問題的辯論愈發激烈，新型態的組織也漸漸應運而生。

雖然外國資金、外來思考與做事方式早已影響了非政府組織領域的價值觀，實際產生劇變的時期發生在一九九〇年代。

當時，西方國家在人權、發展、環境、婦幼福利等議題都已取得重要進展，也創造了許多新的定義與詞彙。他們倚靠募集大量會員、捐款與政府資金來推動工作，此舉立即影響了印度及其他發展中國家。本土的非政府組織在習得外來詞彙、資金與運作方式後，也產生新的文化。這十年更著重在以揭露問題和分析成因的方式來解決問題。這也帶來媒體的變革，例如人權、發展和環境報導等，都是由此而生的新趨勢。

在非政府組織領域，揭露問題是持續不斷的過程，媒體和外國慈善組織也提供不少協助，這的確是重要的事，但這裡頭有個矛盾，問題獲得解決的時間不可能被限制，特別是面對的問題與文化和體制相關。與此同時，新問題又會不定期出現，而豐厚的捐款通常只投注於那些新穎的問題。

嗯，那是另一個問題了。我們剛剛談的是問題剛被揭露的階段。在九〇年代末和兩千年初，我們再次著重以傳統的方式解決問題，例如推動立法、施行、藉由各種團體和運動向政府施加壓力，以要求政府落實如設立學校、醫院、提供就業與住房等的福利措施。但幾年後人們感到需要尋求具原創性的創新解決方法，並藉實行成果與相關證據來整理、分析和交換對這些方法的意見。不只我國，全球都在努力尋求跳脫傳統的解決方式，無論是鄉村發展、市場經濟、能源開發、環境保護、氣候變遷或基本人權等議題，各地各組織無不卯足全力。隨著此發展態勢，現今的非政府組織努力增進自己在政府、國際組織與企業決策過程中的影響力，積極尋找新的倡議方式，甚至鼓勵發展社會企業家精神。

但我們仍須謹記，實質的技能與專業固然重要，宏觀的思考問題及其解決方式仍有其必要性。

科學技術鼓勵這種全面性的思考與發展，不論是在生命科學、醫學或資訊科技等領域，我們越來越需要有互補與顧及整體的考量。

「拯救童年運動」的倡議

現在，讓我們來看看運動的核心理念與目標。我們從未偏離根絕童工，以及將包括受教權在內的各種權利還給兒童的夢想。持續反省與學習一直是我們的內在優勢，使我們能發展新的策略與實踐方針，我們之前已經談過這部分。

我們從不認為童工是個獨立存在的問題，它既是使不平等不公義系統持續存在的最大原因，亦是其結果，因此我們同時對抗童工問題的原因與結果，並從各個面向探討所有能直接或間接幫助我們實現根絕童工夢想的措施和策略。

過去三十年來，不論在國內或海外，我們都試圖在兒童發展領域建構並提倡一種三角關係理論。一開始我們僅能憑著經驗去建構概念，但後來各種調查研究證明了此概念的合理性。要使兒童獲得全面性的發展，根絕童工、全民義務教育和消除貧窮三項基礎必須齊備。童工是使孩子失學的最主要原因，不僅將童工個人困於貧窮狀態，更將禍延他們的子孫。我們不能容許任何形式的童工存在。

在家學習新技能，和在閒暇之餘幫忙父母則是完全不同的事。若學校素質低落，政府又不積極解決失業、不平等與貧窮問題，根絕童工也只會困難重重。同理可證，除非不再有童工，讓每個孩子都接受好的教育，貧窮問題也不可能被解決。

必須發展以人權為中心的思考

打造友善兒童村莊便是將新理想付諸實行的一種方式。夢想從一個小地區做起，擴及改造整個社會，最終目標是創建友善兒童的世界。我們都知道手足之情、友誼、尊重、互助、愛、慈善事業等概念都只是承載著沉重道德價值的詞彙，其實並無任何特定形式。而當我們將一個道德觀界定為某種特定形式，就暗示我們將踏上持續不斷的社會實踐歷程。

有些情況對建立友善兒童村莊至關重要。首先，必須使兒童、父母、村民、村議會、學校老師等人都明白，為兒童創造現在與未來，是需要全村一同承擔的責任。第二，每個人都應當參與實踐這項責任。第三，我們還得促使家庭成員和村民更了解關於兒童的自然、法律、社會、文化等權利的知識與用途，且對其保持尊重。

這些權利並非憑空出現，而是隨著我們多年的腦力激盪與經驗學習而逐漸成形。第四，人們必須改變習於忽略社會地位不高者的趨勢，換句話說，就是必須創造一個環境，能鼓勵與容納非菁英者的觀點與意見。若做不到每個議題都納入考量，至少在教育品質、設置廁所與飲用水設施、教師數量、學校安全等議題上必須採納其想法。

第五，要說服父母和工廠老闆讓孩子離開工作場域。除了提高村民的社會意識之外，還需要老師和村評議會代表的參與。下一步則是讓孩子註冊入學，因為學生來自各種年齡層與背景，所以校長的角色至關重要。

此刻，某種新型態的對立正在快速增加，可稱為現代的種姓制度。你們都知道印度有四個種姓，最高階層一直掌控教育，第二層掌控治理權，第三層則掌控生產和市場，而不屬於這其中的被趕到社會主流之外。他們是雇員和奴隸，組成了第四層種姓。

現代由治理階層、市場與教育組成的三位一體，成功地將自己與主流人口畫清界線。每六人中就有一人被迫餓著肚子入睡，從未上過學或在家受過任何基礎教育，每三人中則有一人喝不到乾淨飲水。

世上某些國家中的一小群人壟斷了教育、政治和消費市場。只有高品質的教育才能打破這種三位一體，協助建立平等。

設立友善兒童村莊的四個階段

1.解放童工

解救童工的完整過程可分為四個階段。首先，必須先將孩子從工作中解放。傳統上，多數童工是受高種姓或有錢地主所雇用，在田裡工作或放牧。若是都市裡的童工，我們會直接採取法律行動，或突襲工廠、磚窯、礦坑等地來搶救他們。

但在鄉村，不到最後關頭我們不會採取法律行動，多數時候藉輿論壓力或遊說技巧就足以達到目的。

可能有人會問如果父母不讓孩子工作，家庭收支能否達到平衡。這種說法既不道德也不合法，甚至有試圖提倡犯罪和貧窮的嫌疑。大部分農家的工作都不是以每日工資來計薪，所以不只家中大人，整個家庭都被迫永無止境的勞動，有的孩子被迫要和雙親一起下田工作或放牧，有的孩子則被叫去打掃雇主的家。讓孩子離開工作場域，不會減少一家子每日的收入，卻能使孩子從隱形的奴隸制度脫身。

另一個重點在於：當孩子受金錢誘惑，開始去工作後，他們的父母或家中其他大人獲得全職工作的機會就變少了。如果地主很容易就能取得便宜或免費的童工，誰還會用較高的薪資聘用成人呢？這種惡性循環不僅蔑視基本薪資及其他相關法條，也剝奪了孩子受教育與適性發展的權利。

如今的父母逐漸了解教育的重要性，但我們還需要做更多努力。做粗工的孩子身體持續被耗損，若我們能試著讓社會各界關注他們的健康和醫療所需的龐大支出，便可能說服大家一同攜手打造反童工的環境。只要喚起父母與村落的問題意識，我們一定可以讓孩子脫離阻礙他們受教育、破壞他們健康、剝奪他們遊玩和發展機會的工作。

上述情況都正在友善兒童村莊發酵。幾年前，一個社會學家朋友為了評鑑某個組織，去到拉賈斯坦邦阿爾瓦爾縣（Alwar）的坦那嘉吉（Thanagaji）訪視幾個村落。當看到告示牌上寫著「友善兒童村莊」時，他因好奇而一探究竟，並很快就發現友善兒童村莊和一般村子的不同。他沒看見任何兒童在田裡工作或牧牛，更注意到在學校上課的孩子裡有很多是女孩。他們臉上閃現著自信的光芒。

推行友善兒童村莊計畫約五年後，我有次和同事一起訪問密拉特的波里（Pohli）。和孩子們坐在學校禮堂裡，我請曾當過童工的人舉手，發現半數以上的孩子曾做過縫製足球的工作。他們說多虧友善兒童村莊，自己才能上學受教育。

十四歲的孟可許是兒童議會的一員，他說：「長大後我想成為社工，解放其他村子的童工，把那些地方轉變成友善兒童村莊。」

2. 人人有書念

第二個重要階段是確保每個孩子都註冊入學，但在這麼做之前，我們必須了解權力中心時常轉移。早期，土地多的人較有影響力，後來，權力則集中到那些能取得槍枝武器的人身上。隨著科技進步，會用曳引機等農耕機械，和摩托車、吉普車等交通工具之人變得更具影響力。而某個村民到都市讀書的孩子，一旦返鄉當官，社會地位和名望也會激增。

造成權力轉移的決定性因素在於官僚和法律的力量。然而，處在電腦資訊科技與各種新知識來源蓬勃發展的此刻，最容易接觸到新知、資訊、科技之人就能賺更多錢，贏得更多聲望。整體而言，權力中心從土地移轉到槍枝，後傳至文筆，現在則停留在敲擊電腦鍵盤的手指上。這種趨勢可以從在市郊和鄉村裡林立的全英語教學學校和資訊科技補習班看出。

這也暗示了現代教育的重要性已深植人心。建設友善兒童村莊時，我們試圖讓村中每個孩子都入學，尤其對出身自落後種姓、少數族群與部落的女孩來說，教育更是不可或缺。我總是主張社會正義不能單靠政府的重點計畫。當父母是清掃工、出身於穆斯林或達利特階級的女孩能與出身於婆羅門與塔庫爾（Thakur 分別為第一和第二高種姓）種姓的孩子一同坐在黃麻墊上學習認字，或用同樣的陶罐喝水時，社會正義應運而生。

拯救童年運動對教育的想法很堅定。不同於其他志願與慈善組織，對我們來說，受教育不僅是每個孩子與生俱來的權利，更受法律保障。政府有責任為人民提供這項權利，人民則有把握和使用的義務。

我們相信教育系統必須四管齊下。首先，十八歲以前的教育必須完全免費，不只減免學費，政府也該負擔制服、課本、午餐、通勤等支出。再來。教育應該具有強制性，市政當局、村評議會、教育部門、學校、監護人都該確保兒童接受完善的教育。第三，要求有實用價值的高品質教育，意味著提升教育水平以實現社會連結和財務需求，並加深人道價值與維護人類尊嚴。最後，教育該一視同仁，菁英、富人之子與農工子弟應該接受相同的教育。若教育體系依舊維持兩套系統，要公立學校提供有品質的教育也只是不切實際的夢想。

教育不只是去上學而已，它應該要能幫助每個孩子以至於整個社會去探索與發展潛能，好讓他們能掙脫不公義的枷鎖，懂得尊重與保護他人和環境，最後得以讓大千世界變得更美好。

3. 創立兒童議會

第三階段是讓全村的孩子組成兒童議會。這個過程很有趣，我們會在其中看到孩子如何共事，如何發揮集體的領導力，如何吸收並實踐民主選舉的概念。

大幅增加的中產階級和高知識分子當中，約有半數不會到大排長龍的投票亭排隊，行使自己的投票權，這是人盡皆知的事。鄉村或郊外才是票倉，去投的人則通常處於都市底層。大家也都知道社群主義、種姓制度、酒精、用金錢或禮品買票的行為破壞了選舉進程。目睹這一切長大的孩子，若不是對選舉和政治失望，就是將這種貪腐行為學以致用。

兒童議會的選舉關乎到村裡的每個孩子。不論是脫離童工身分的孩子，或是來自不同種姓與社群的孩子，都必須歷經參選和投票的過程。孩子們提名兒童議會中的議長（pradhan）、部長和議員，被提名者則必須準備各自關注的議題與政見，並嘗試和自己的支持者據此說服其他投票人。匿名投票過程則透過老師、友善兒童村莊的工作人員、青年和婦女團體等的協助順利運作。孩子們把票投入上鎖的票匭裡，事後再公開計票，用這種方式選出自己的領導人。

然而，說比做容易。在很多地方，支持種姓制度的衛道人士和政治當權者都有想掌控兒童議會選情的傾向，父母也習於涉入孩子的競選活動。幸虧有當地老師等盡責之人不因循苟且的幫助，運動工作者才能成功阻止各種干預行動。

4. 村評議會與兒童議會的合作協調

第四個最重要的階段在於，建立兒童選舉產生的議會與當地村評議會間的協調機制。為能有效協調，我們必須培養兒童的領導力，增加他們對權利的認識，訓練他們清楚表達自身想法和正確辨認出問題癥結點。同時，我們也必須使村評議會代表意識到兒童權利問題，並提高他們對議題的關注程度。運動工作者盡力將兒童關注的議題傳達給村評議會及議長，同時確保孩子們參與在其中。而當村評議會代表開始出席兒童議會的集會，我們看見協調的成果。同樣地，兒童議會代表也獲得在村中集會表達意見及否決村評議會決議的機會。

這確實是項艱鉅的工作。如果選出的兒童領袖未能獲得村中孩子的大力支持，運動工作者就無法讓村評議會及議長重視孩子們關注的議題。這其中的不幸在於，村評議會若不是不知道孩子們關注哪些議題，就是為了自身利益貪污了政府分配給兒童福利的資金。許多學校公然貪污免費午餐補助，或是以建設學校為名盜用公款。在這些情況下，要成人直接面對來自孩子的道德壓力，並在制定計畫和下決策時納入孩子的意見，並不是件容易的事。

只有當這四階段都完成後，普通村莊才能成為友善兒童村莊。而在打造友善兒童村莊的期間裡，運動既未為此投注資金，也沒推行任何方案，倡議工作全靠著民眾對兒童權利的認識和參與在推動。事實上，村評議會有權獲得政府對兒童教育和發展的補助，他們應將這些錢全數用於兒童福利之上。為使友善兒童村莊能永續發展，我們在鄉村成立青年、婦女和其他支持團體，以便他們在兩三年後能肩負起維持友善兒童村莊的責任。

一定的時間過後，我們會舉辦將維護友善兒童村莊的責任移交給村評議會和其他團體的儀式，拉開運動與它們的距離。這不表示運動工作者會徹底斬斷與村莊的連結，只是減輕在村裡的工作比例，單純與村莊保持事務性的聯繫。

5.倡議者的角色至關重要

在此我想強調的是，一個成功的運動靠的是倡議者的動能。事實上，運動的每個活躍成員都應認同友善兒童的文化、扮演友善兒童的角色，亦即對童工和文盲採取絕不妥協的態度，保持思路清晰，致力於實現目標，並善於表達觀點。那些僅為了服務或就業而至友善兒童村莊工作的人對自己既不公平，也愧對於這個高貴夢想。服務心態不能帶來社會變革。我們知道每個人都需要金錢來滿足自己和家人的需求，但同時，為了讓生活向上或改善世界，我們必須設定許多夢想並實現它們，且為此持續不斷的努力。另一種選擇則是直接做一個遠大的夢，並用靈魂和血液去滋養與培育它。不論友善兒童村莊這實驗取得了多大成功，那裡工作人員的能力和效率都堪稱模範。青年、婦女團體和村評議會代表也都做了值得令人稱頌的付出，他們是我們在漫長旅程中的得力助手，但我們真正的英雄是兒童議會的領導人們，數不清的成功故事都是他們值得稱道的成就。當他們展現誠實的美德和領袖特質時，再沒有什麼能比得上他們的勇氣、耐心、持續不懈的努力、不屈不撓重新確立目標的決心。每次與這些孩子互動，或在兒童議會中聽他們說話時，我都無比自豪。

六項基礎及其持久成效

我想先討論友善兒童村莊會帶來的重要變革，它們是此倡議的理論和意識形態基礎。第一，由下而上的培力。第二，不排除任何人的整合性發展。第三，落實參與式民主。第四，優先考量兒童或以兒童為中心的決策過程。第五，終結深植人心的歧視。第六，共同回應環境問題。我認為，只要滿足這六點，我們便能為社會帶來革命性的改變。

1. 由下而上的培力

首先，假設某個受剝削的工人有個女兒，不論她是在田裡工作或在別人家中當奴僕，她的社會地位或經濟能力都可能處於村子的底層，或許也是最不具影響力之人。友善兒童村莊期許透過培力，使她有能力向村評議會主席陳述自己面臨的問題，若有必要，還能理直氣壯地向國家總理提出她的論點。而每個村民，包括上層種姓、教師、青年、婦女等，都該參與在培力她的過程中。當全村的孩子能相互響應彼此的活動，他們的主人或父母便難以再藉不讓他們上學來強迫他們工作。在那些已成為友善兒童村莊的地方，這夢想業已實現。受壓迫者能勇敢面對並迫使具解決問題能力的政治和行政力量，去驅動國家機器以利於受壓迫剝削族群的方式運作，不論在世界或本國歷史都實為罕見。

許多例子也讓我們看見兒童的道德力量和堅定聲音如何激勵了他們的師長、婦女、及其他邊緣弱勢團體。他們的呼喊及時有力，打破長久以來的沉默。這些促進兒童權利之舉不僅展現立即成效，更帶來深遠影響。那些未受到剝削、有幸受教育，在兒童議會成為他人力量來源的孩子不能再被拖延了。未來他們將會證明自己是心智堅強、積極負責的公民。

我們以在拉基姆普爾縣（Lakhimpur）庫卡拉村（Kukara）中的事件為例。當地某個學校的一角有個派出所，整天都有罪犯和可疑分子被帶到這裡痛扁，這裡也是悲慘故事和意外受害者的集散地。這些林林總總都對此地學童的專注力和學習力產生了不良影響。兒童議會成立後，阿迪爾、阿法琳、阿爾卡、阿尼斯、依許拉特和帕爾文等學生領袖，決議把派出所移至校外當作他們的優先任務。一開始，他們先去找校長，但他什麼也沒做；他們又去見派出所的負責警官，但他拒絕把派出所移出校地。這些挫敗未讓孩子們打退堂鼓，他們開始自行募集資金、成立小組，還前往警察總署會見總警司與遞交書面投訴信。總警司無法忽視他們真誠的請求，立即下令進行調查。村民們也全力支持孩子們的勇敢行動。

2.整合性的發展

發展的定義和概念（或假設）與時俱進。但關鍵點在於，只為了一小群人的利益，便犧牲文化、環境、棲地等作為代價的發展終將引發災難。市場和消費至上的文化將我們推向毀滅的邊緣，只消看看氣候變遷所帶來的危機可能毀滅全人類與自然就能明白。世上六分之一的人口，藉著發展之名壟斷了地球半數以上的資源。現在，我們該把重點放在整合性的永續發展上，落實自然保育和不遺忘任何人的發展。我們能夠和我們應該為世界做什麼，或許是辯論和研討會的好主題，但回到地方上，我們透過提倡友善兒童村莊來回應這些高深問題。友善兒童村莊的兒童領袖，不僅知曉自身權利，也關注保護環境、消除種姓遺毒、弭平性別差距、對抗宗教社群主義等議題。

確保每個孩子都上學讀書並完成學業，是綜合兒童發展計畫中重要的一環。運動倡議者也努力確保政府方案的好處能惠及那些非主流家庭的兒女。在密拉特的詹尼庫爾德村（Janikhurd），年紀輕輕的拉吉雅．蘇坦在十一歲時即展露她活躍的領袖特質。此前，她在一家製造體育用品的工廠工作，每天縫製足球。拉吉雅在自己能夠上學後，進一步要求所有孩子都該去上學，爾後更帶頭要求校園必須設有圍牆、女廁和廚房，但她並不滿足於這些小成就。

她得知附近有十個村莊正在進行鄉村改造計畫，便在全國兒童議會會議期見了這些地方的兒童議長。在那裡她才知道，上學應該是免費的，收取任何費用都違反法律，要求學童付學費和其他雜費即等同搶劫。於是她號召十位兒童議長和她一起遊行到縣長辦公室、教育局官員辦公室，甚至還敲了覺悟日報（*Dainik Jagran*）和不滅之光報（*Amar Ujala*）兩報編輯的大門。兩家報紙傾全力報導這起事件，官員們則迫於巨大壓力立即採取行動。最後，學校不僅停收學費，甚至還退還學生家長先前所收的費用。兒童議會的成功，使政府的扶貧計畫能徹底實行。

3.參與式民主

掌握權力的社會階層常以民主當幌子，濫用政府機器。以前，人們一致認為民主制度和政治圈裡不該有裙帶關係，如今卻引不起任何人的嚴肅關注。在世上最古老的民主國家美國，政治權力受少數家庭宰制的情形仍存在。而世上最大的民主國印度不僅患有甘地—尼赫魯家族症候群，更受中央和各邦政治的裙帶關係所擾。上百名國會議員、邦議會議員、部會首長，只因他們的父親、丈夫、叔叔或兄弟有名，就能成為傳遞民主聖火之人。同樣地，過去曾有段時間，人們十分厭惡讓罪犯干政，時至今日，罪犯參政卻已成為家常便飯，他們不計任何代價，反正不過是上新聞而已。每個政黨都有上百名罪犯，甚至連強暴犯和殺人犯都能從監獄中參選並獲勝。我們先前已討論過影響民主選舉的因素，但即使情況再糟，我們仍必須努力創造透明而有效的民主，那麼，何不從村裡的孩子開始？不論貧富、種姓、性別和宗教差異，大家一起找出共同關注的議題，共同塑造民主的形狀和結構，這就是友善兒童村莊裡會發生的事情。

一開始，孩子仍受惡質的政治氛圍所影響，但他們很快就明白誠實和正直的重要性。他們清楚自己的願景和目標，渴望做創新美好的事情。他們也很快就學會團隊合作，拋開彼此差異，專注於維護自身權利的共同目標，互相學習彼此的優點。在友善兒童村莊裡，活躍成員的責任是要讓菁英家庭的孩子開始對其他孩子懷抱好感，並鼓勵受欺凌族群的孩子發展領導特質。在成立兒童議會的過程中，孩子確實學會了健康的競爭，但我們也努力教導他們超越輸贏。獲得最高票數的孩子成為議長，但第二高票的孩子被譽為副議長，同樣規則也適用於部長和副部長的職位，他們共同組成部會團隊，分別掌管教育、體育、健康、農村發展、環境保護等不同職務。每個候選人都會分到一個職位，我們以此方式，在小村莊為參與式民主打下基礎。

4. 以兒童為中心的決策

要建立一個友善兒童的社會，有必要改變那些掌管家庭、村莊、社會事務之人的想法和心態，偏偏這又是最棘手的事。一般而言，村評議會做事的優先次序受控於政治考量。不管是修路、安裝手動打水幫浦、提供就業機會或電力，都是根據種姓或未來選舉的票倉來決定。若非特殊情況，村評議會根本不關注兒童，其根本原因是人們沒有優先考量兒童需求的習慣，但另一個原因在於村評議會裡沒人為兒童發聲。同樣的事情也發生在學校和家裡。教室裡的老師不看重孩子的問題，家中的大人則認為兒童一事無成，也就不會想聽他們的意見。

在友善兒童村莊，我們不會只用勸說的方式來改變這種心態。讓社會大眾認識兒童的需求固然重要，但營造出使當權者會優先考量兒童需求的氛圍和環境之重要性並不亞於前者。村評議會不該忽視兒童議會提出的要求，畢竟他們是經過村民的同意和參與，以合宜正當過程選出的團體。因村裡開始有大批學生站出來支持那些不想工作、渴望上學的孩子，父母也因而不敢要求孩子為工作輟學。

父母會逐漸難以忽視孩子的願望和要求。在所有重要的決定中，孩子們的意見漸漸成為優先考量。在許多村莊，修路不再是為了通往議長官邸，而是為了便於讓孩子去上學。水塔開始建在學校裡而非公車站。蓋女廁變得比蓋牛棚（goshala）重要。透過這些方式，友善兒童村莊正在建立將兒童需求置於首位的文化。

在比哈爾邦薩哈爾薩縣（Saharsa）的阿馬羅拉村（Amarola），友善兒童村莊正以理想的方式成形，但那裡的學校沒有屬於自己的獨立建築物。兒童議會組成後，迪帕克·庫瑪、希拉·庫瑪、庫許布、康城和拉可胥米等兒童代表開始寫陳情信給政府辦公室，同時開始遊說村民協助建設學校。過了一陣子，政府同意他們的要求，並撥款給他們蓋磚瓦房（*khaprail*），可仍懸而未決的是學校能蓋在哪裡？整個村莊在看見孩子為社會所做的努力後都投入支持，一位敬重孩子情操的村民，拿出自己一部分的土地捐給學校使用。如今，該校已有上百名學生，教育部門則任命兩名全職教師在那裡授課。

而在比哈爾邦的拉姆昌德拉納格爾（Ramchandra Nagar），有間賣酒商店仗著當地警察的默許，大喇喇地將店開在學童上學途中。孩子常目睹醉漢鬥毆鬧事，或醉倒在路中央與水溝裡。醉漢有時也會在學校門口徘徊，令人感到不安。兒童議會領導人阿傑庫瑪聚眾發起抗議。

他告誡村民們這老闆有犯罪前科，若他被允許賣酒，可能對兒童和其家庭有害。兒童議會花了點時間才獲得越來越多人支持。最終，全村孩子都同意挺身而出反對酒商，他們的母親則是他們最大的支持者，因為男人酒後常對女人動粗和變賣家中用品。於是，兒童與婦女率先開始在商店前遊行抗議，他們最後說服議長將此情況上報，幾天內，那家賣酒商店就被迫歇業。

5.終結歧視

歷史見證了自古以來長存於人類之間的各種歧視。人類想證明自己優於他人的欲望，或是為自身利益剝削他人的傾向導致各種戒律、迷信行為及道德準則應運而生，這對我們產生莫大影響。種族隔離的心態究竟如何產生？又是為什麼不同社群會彼此隔離，甚而互相爭鬥？沒錯，這種發展受到一小部分既得利益者的強力支持，但同時不可否認的是，仍有很多人打從心底認同這些現象。幾乎無人敢起身反抗種姓制度，或與出身低種姓之人廝混和通婚。不管在偏鄉或首都德里，哪個領導人或政黨不是靠著操弄種姓問題上台？即至今日，達利特族人仍被禁止到塔庫爾和婆羅門使用的水井取水。走進數世紀以來一直被上層種姓壟斷的寺廟，對達利特人來說仍只是個夢想。專制裁決仍存於宗族（*gotra, khap*）之中。連同宗族間的聯姻，都可能因不符宗族期待而引起殺機，更甭提跨種姓通婚的可能。多數村莊都為上層種姓、達利特人和穆斯林指定了居住區域，而婆羅門、牧師、伊斯蘭教的毛拉（*moulvis*）和密宗學者等宗教領袖對心靈的箝制則大到，若以信仰之名要求信徒殺害自己的孩子，沒人會懷有二心。相信占星術、良辰吉時和宿命論更是許多人生活中不可或缺的一部分。出生頭幾年，孩子並未受到太多影響，但隨著年歲增長，他們的心智被歧視、正統觀念和迷信所污染。我們透過友善兒童村莊讓兒童開始參與並投入兒童議會選舉、彼此互動、合作協調，有了在長輩面前表達意見的勇氣，並承擔選上後的責任，這些努力成功打破了歧視心態。

拉賈斯坦邦阿爾瓦爾縣的齊投里（Chhitouli）村以製作石像而聞名。全村老少都投入製作過程，村裡甚至還有所專門學校。幾年前，拯救童年運動選擇輔導此村成為友善兒童村莊。在組成兒童議會的過程中，十二歲的阿南德被選為兒童議會領袖。當選後不久，他聽聞村裡即將舉行一場童婚，這在此區屬於普遍情況，罕見的反而是男孩晚於二十五歲，而女孩晚於十八歲才結婚。多數男孩女孩的婚姻早就被安排好了，不太有人會為此感到困擾，但確實也有年僅十歲的孩子被偷偷摸摸嫁掉的情況。

得知此事後，阿南德和普許普拉吉立即召開會議。他們後來說，當時會議中約有半數的孩子害怕抗議童婚。但阿南德並未因此放棄，他召集那些支持他的人去見校長，但校長也一樣提不起勇氣。最後，這些兒童議會代表自行闖入即將舉行婚禮的人家，但那裡的人無動於衷，只是把他們攆走，但即使如此仍未削減阿南德一夥人的決心。他們又去找村評議會議長，儘管他試圖說服他們童婚不是件壞事，又說若在婚禮當天取消婚禮，將毀了準新郎新娘兩個孩子的一生，孩子們仍未動搖，他們不相信延期的傷害會比童婚本身來得更大。傍晚，孩子們持續焦躁不安，他們打電話給「拯救童年運動」的工作人員，又決定給女孩的父親和親戚下最後通牒，直說若不取消婚禮，兒童議會將通知警察，這群長輩震懾於孩子們的自信與勇氣。入夜後，許多青年和成人都加入孩子的行列，最終使那場童婚告吹。我們後來得知這起事件流傳至鄰近村莊，使得許多原訂於那段日子舉行的童婚都因此取消。

任娜住在密拉特市裡穆斯林集中的昌杜拉村（Chandoura），村裡多數女孩都沒去上學，少數幾個則就讀伊斯蘭學校（*madrasahs*）。自從任娜參加當地兒童議會的競選以來，她的性格有了奇蹟般的轉變。她很快就意識到，儘管長者反對，她和其他女孩都應該受教育。但她提出這些意見後，就開始有人威脅她，提醒她該遵守傳統規範，努力說服她女孩不該逾越習俗的限制。對任娜和其他穆斯林朋友來說，去違抗保守人士並不容易，但她們仍堅定不移，憑著堅實的論述和不屈不撓的毅力，最終使全村同意讓所有孩子受教育。如今，任娜是名跨校就讀的學生，只因村裡的學校最高只到八年級，她和其他孩子每天得騎腳踏車至八公里外的高中完成十年級的學業。她不僅成了全村的驕傲，更是鄰村孩子的榜樣。兒童議會的倡議工作者謝爾罕也是促成此事發生的重要推手。

6.兒童議會為環境議題發聲

在友善兒童村莊，比起倡議，孩子們更在意落實環境保護。很多村子因著兒童議會的發起而開始種樹、設置集水和淨水設備、關注礦坑與熔爐所造成的污染。為了環境衛生，孩子們主動打掃溝渠水道，並向村評議會施壓，要求他們維護村子的整潔、維持雨水的純淨並保育樹林。

北方邦凱里（Khiry）的瓦席爾納格村（Wazeernagar）曾發生一起事件。當時，包括學校周邊在內，全村都未設置排水系統，排水溝阻塞後總是搞得遍地髒污，任蚊子猖獗繁殖。在建立友善兒童村莊時，兒童議會發聲抗議這種情況，並自發地向村評議會和村民宣傳整潔的重要性，他們相信這麼做將使羞愧的村評議會開始負起確保村裡整潔的責任。他們懷抱莫大期待，但幾週後什麼事也沒發生。有天，兒童議會的蓋雅翠、阿洛克、阿努拉達、普瑞普拉達採取了特殊行動。他們再次拿起掃帚，但這次不是去清水溝而是去議長家，把掃帚交到議長手上，對她說：「議長，你是我們的領導人，若你今天能帶頭清理髒水溝，我們全都會跟著效仿。」可憐的議長別無選擇，只能陪著這些孩子。這是她這輩子第一次被要求清理髒水溝，全村的人都在旁邊看好戲，至於想藉此展現自己價值的議長支持者，也動手幫忙掃得很起勁，他們打掃了數小時之久。隔天，沒人訝異村裡的清潔工終於一反常態的用心工作，議長也決定提高維護乾淨環境及飲用水的預算。

另一個和環境有關的趣事發生在拉賈斯坦邦阿爾瓦爾縣的兩座村莊。納爾哈特村（Narhat）和巴凡巴安斯．周甘村（Bavanbaans Chougan）隔著一座野生森林相鄰。兒童議會在友善兒童村莊的計畫推展之時，日漸擔憂周遭地區樹林快速消失的問題。他們在兩村的青年團體和兒童議會所共同召開的會議中討論此事，幾位青年團體的成員認為是因林業部門的縱容，外來的承包商才能肆無忌憚的徹夜盜伐樹木，於是他們為此成立蒐羅正確資訊和證據的特別小組。資料備齊後，他們寫了封投訴信給資深官員，並附上證據，但幾週過去卻不見官方有任何行動。最後，他們只好組成一祕密小組，趁著夜色把臉蒙上，並躲在樹叢中埋伏。晚間，砍樹工人陸續抵達，其中還包括兩名騎機車前來，停留在一定距離外等待的林業部員工。樹叢中的年輕人們在看準時機後開始模仿野生動物嚎叫，把伐木工嚇得屁滾尿流。最後，四人當場被捕，交由警方處置。此舉不僅拯救了森林，也激勵了附近居民。

在此我想強調的是，諸如個人權利意識、尊重他人、賦予弱勢族群領導權、創造能促進高低種姓就社會不公與封建思想等議題直接溝通甚而創造解方的環境、及發展民主文化等思想一旦在民眾心中找到立足點，就很難箝制它的發展。在眾人心中生根的這些想法終將蓬勃發展，無須害怕被反對聲浪蓋過。

當人們的社會意識提高，改變對發展的優先次序時，即使是兒童的倡議都會產生深遠影響。上述這一切你都能在友善兒童村莊看見。

找到五個面向的內在力量

為了幫助我們進步，我想試著用SWOT（註6）工具來分析友善兒童村莊的經驗。縮寫S指的是優點、W是缺點、O是機會、T則為威脅。旨在藉由發掘並評估組織本身的優缺點及外部的機會或威脅來作為我們改善計畫的參考。

我們最大的優勢在於天性誠實的兒童能深刻理解童工問題、教育和兒童權利的重要性，並懷抱著熱情、理想與決心。這些優勢至他們長大成人時，常已不復存在。當孩子們在共同學習的過程中學會了集體領導，原本棘手的事情都變得簡單。因此，友善兒童村莊的工作人員努力確保這種力量能被最大化，不讓錯誤的想望在兒童心中萌芽，並鼓勵孩子追求自己有興趣的創新想法和活動，以激發他們勇往直前、大刀闊斧實踐夢想的精神。

對我們有利的第二個優勢是，憲法和法律條文明訂剝削兒童是違憲的非法行為。印度政府簽署了許多禁止傷害兒童的國際公約，並承諾在二〇一五年讓所有兒童就學。要善用此優勢，倡議者應對童工、兒童權利、兒童福利法規及各種政府計畫有深入且廣泛的認識，並知道如何借助它們以達成我們的願景。我們的第三個優勢在於，友善兒童村莊是「拯救童年運動」這個被認可、有名望和影響力的全國性組織的一部分。清楚了解運動之歷史、目標和計畫使我們的工作人員具備靈感和自信，也能代表組織給官員留下深刻印象，並向他們施壓。孩子則是我們第四個優勢，獲救的抵債童工會在我們的康復之家，如自由之家（*Mukti Ashram*）和力量之家（*Bal Ashram*）接受教育和培訓。

在友善兒童村莊的發展過程中，孩子可以扮演十分重要的角色，事實也證明他們真的做得很好。至於理論基礎完善的友善兒童村莊本身，確實是我們的第五個優勢。我就不在此贅述其他優勢，歡迎大家自行去發現。例如，在拉賈斯坦邦創設力量之家亦是種優勢。在卡納塔克邦為森林和環境保育舉行倡議活動，也為當地的友善兒童村莊帶來額外優勢。

從弱點中汲取教訓

現在來檢視我們的弱點。撇開投入友善兒童村莊計畫的工作人員不說，許多資深官員仍未能真心接受運動的理念和價值觀。和他們互動時，我驚訝於他們更常與年輕人和同儕聊天，而不是將時間平均分配給孩子和兒童議會。許多地方已將兒童議會選舉當成是友善兒童村莊成功的標誌，大家也傾向相信已有兒童議會的地方就等於已變得對兒童友善；也有很多地方的工作人員認為成功讓孩子入學，才是友善兒童村莊的唯一要件。這些發展當然都是應該發生的正面進展，但除非學校老師、村評議會和家長都能欣然讓孩子參與他們的決策，否則友善兒童村莊不算真的成立。因此，我認為我們最大的弱點是未盡全力改變農村思維。

整體而言，當今的非政府組織投入實踐社會變革的努力並不足，卻有很多對國內外政府或非政府資金的不滿與抗議。在這些組織服務的村子裡，工作人員的生活風格和執行小型福利計畫以吸引村民的方式都足以影響旁人。許多友善兒童村莊的工作者開始把自己與這些人相比，但這麼一來，他們往往忘記自己是打造創新社會的職人和戰士，要與數百年來壓迫兒童的社會、經濟、政治傳統對抗。第二個缺點是，當將建構完整的友善兒童村莊移交給村民自治時，運動工作者與村民的聯繫會隨時間變得越來越薄弱。雖然偶爾仍會與青年團、婦女團、老師或村評議會的成員開會，但與兒童議會領袖的會議卻沒這麼頻繁。固然每年和順利形成的新兒童議會溝通健全仍是我們的優點，但最重要的應是持續與過去的兒童領袖保持聯繫。友善兒童村莊倡議工作者有責任規畫並維持與這些孩子的溝通。

單純只把「友善兒童村莊」當成一個專案看待也是我們缺點之一。這麼想的倡議者，即使試圖融入跳脫傳統的做法，也能在工作結束時交出報告，但他們下班回家後並不會為此自豪。遵循基本原則、方法和計畫固然重要，但要將想法化為實際行動，我們需要的是熱情而非封閉的心靈，熱情才促使人們學會用更少的時間與資源達到更高的成效。為此，我們有必要獲得村民支持，在每個村莊組建一個活躍的「拯救童年運動」小組。

尋找機會和潛力

再來討論有助益於創建友善兒童村莊的機會。當中央和邦政府提供並妥善分配免費午餐、獎學金和公共設施時，就為我們提供加速並加深友善兒童村莊發展的機會。因此，獲取相關計畫、其預算及主責部門與官員的正確資訊相當重要。當今政治場域對教育的重視則是我們的第二個機會，支持倡導落後種姓（backward castes）福利的公部門和政黨這幾年開始意識到教育的重要性，明白他們無法迴避女性和落後階層的需求，因為潘查亞特制度為婦女、部落等弱勢族群保有席次。由此而生的政治新秀也不像老政客那麼糟，只要他們願意讓友善兒童村莊倡議者入校宣導，學童都有傑出表現。

村莊不再對資訊科技、電腦、網路和手機一無所知。雖然此事有其正面助益，但不幸的是，這些工具更常被用來刺激消費以活絡市場發展。運動倡議者也該學習掌握這些技術，因為分享創新實驗的成功最能吸引人們投入參與。

機會不止這些，端看你能多快洞察它們在哪裡。

應對外部挑戰

我們當然也不能忽視環伺四方的挑戰。最大的危險是不顧兒童權利，及基於傳統習俗、宗教、文化而反對兒童權利的心態。我們必須為此奮鬥。第二個危險是政治集團和種姓主義。第三個危險是致使農村傳統工作機會消失，不利於普羅大眾的內政與外交政策。氣候變遷和生態系統的惡化亦是使窮人生活愈發困難的原因之一。

這些情況害得許多家庭被迫遷移，兒童和婦女被賣進城市。掮客或是誘拐兒童，或是以貸款給父母的方式將這些孩子帶到遠處。雖然友善兒童村莊善用在地智慧解決相關問題，但危險仍在，只要一不小心仍有可能發生。

這裡我想分享一個成功案例。二〇〇八年，比哈爾邦遭逢嚴重水患，許多友善兒童村莊也因此受到巨大衝擊。數十萬人被迫離開家園，在地勢較高的村莊和島上尋找庇護。政府、非政府和國際組織設立緊急營地，將重點放在賑災救濟，這些行動通常只有短期的影響力，而且在許多情況下，這些努力並不充分，反而為兒童人口販子提供了千載難逢的機會，他們開始在救濟營地附近徘徊。為了因應此情況，拯救童年運動也開始在營地和車站附近大力宣傳。走私者試圖偽裝成救援人員，誘拐孩子們去孟買和德里等大城；運動工作者則派發了上萬本小冊子，貼了上千張海報，甚至安裝廣播器以公開提醒民眾注意這些危險的人口販子。但儘管有這些努力，仍有人成功擄走孩子。每當得到線報，我們便突襲車站等地，從人口販子的魔掌中救出數十名兒童。我們藉著附近居民和其他組織的幫助，幾乎在所有可疑區域都部署了突襲小組。值得一提的是，友善兒童村莊中沒有半個孩子淪落至人口販子手上，因為那裡的村民們都有兒童權利的概念，並將其視為最重要的事。

信任危機

村民現在看待志工組織的方式，和看待公務員、警察和政客的方式差不多，他們不信任訪問村莊的志工組織倡議者。幾年前我們在比哈爾邦薩馬斯蒂普爾縣（Samastipur）的蒂內許普爾托拉村（Dineshpur Tola）開展友善兒童村莊計畫。當工作人員尼魯瑪拉開始拜會村民、兒童和其他社會階層時，第一個抗議的不是別人，就是該村村評議會的議長。他對尼魯瑪拉說：「你和你的組織不讓孩子工作，只想叫他們上學，真的很自私。」尼魯盡力讓他明白組織關心的並不是政府資金，但村長就這一點反駁道，如果組織獲得為村莊做事的資金，為何不幫忙蓋學校和安裝手動打水幫浦呢？尼魯瑪拉一次又一次地試圖澄清，但仍無濟於事。最後，事情終於在幾位有學識的村民幫助下找到解方，他們要她先提供友善兒童村莊的預算表給議長和村裡其他重要人士過目後，再決定要不要讓她進入村莊。

尼魯立即向德里辦公室求援。一週內，一名計畫協調員緊急趕到蒂內許普爾托拉村。看到一名受過教育的工作人員一路從德里趕來，議長很吃驚。在村民面前，我們的工作人員直接劈頭問議長是否能向所有村評議會成員公開友善兒童村莊的預算？還說若他不想也沒關係，但他至少必須告知村民他自己從政府那裡拿到多少本應用於村莊福利與發展的資金，以及那些錢去了哪裡。議長嚇壞了，人們則開始私下談論德里來的工作人員說得有理，因為議長從未公開過他的帳戶。看到議長臉色發白，我們的工作人員把友善兒童村莊的預算表攤在桌上，上面除了尼魯瑪拉微薄的交通費外，再無其他項目。最後議長道歉，在場之人無不為我們鼓掌，並歡迎尼魯瑪拉回到村裡繼續工作。

教育的商品化

越來越多人將教育當成商品的趨勢是我們面臨的另一大挑戰。中央和邦政府的政策，及當前受教權法的固有缺陷使得私立學校正以前所未有的速度增加。在友善兒童村莊裡，公立學校老師的角色極為重要。如果他們無法每天到校，提供孩子有趣和有品質的教育，孩子們將被迫出走，即使資源有限的家庭也會開始將孩子送到私立學校。在這裡我們必須強調，當教育系統成為不平等的根源，就不可能阻止不平等擴散至經濟和社會領域，但這卻已成為全國普遍的現象。我們永遠不會在教育平等和優質教育這兩件事上妥協。

SWOT分析的目標在促使組織和倡議者不斷努力修正內部的缺點，並將外部危險轉化為機會。過去十年間我們從成功和失敗經驗中學到的一切，都有助於我們未來的創新。例如，村評議會和政府部門必須更全面的評估各種發展計畫。受益於聖雄甘地全國農村就業保障法（Mahatma Gandhi National Rural Employment Guarantee Act, MGNREGA）的家庭必須不惜任何代價送孩子去上學，而不是叫他們去工作。我們也該更努力地為村莊連結可以增加收入的計畫、關注教育的志工團體，以及設計並發起能提高對氣候變遷和保護生態系意識的新計畫。

最後，我想再次強調，單靠一種方式絕不可能達成消除童工、提供全民免費而平等的教育和保障兒童權利的目標。我也不認為拯救童年運動在過去三十年取得的成就或做過的任何實驗就是最終的解答。當我們的工作人員和領導階層開始相信他們什麼都懂，或是只有他們的意見才是好意見之時，就是我們運動要邁向失敗的時刻。學習動機和願意創新的精神，才是為問題找到永久解方的唯一力量。唯有向那些視我們為競爭對手的人學習，我們才能學到最多。

註1：Public Interest Litigation。此制度讓任何人均有權向法院表達意見、提出控訴，以維護個人以至於眾人的權益。

註2：Panchayati Raj。此處談到的潘查亞特制度多爲村層級，Gram Panchayat 在本書譯爲村評議會，爲一鼓勵村落自治與經濟發展的決策機構。

註3：Right to Information Act。印度在二零零五年訂立了知情權法以保障公眾利益，民眾可依法向邦政府遞交申請，要求取得各個發展項目和措施的資訊，政府有關部門則須於三十日內回覆。

註4：Dalit。位於種姓之外，不可碰觸的賤民階級，甘地將其更名爲哈里貞。

註5：Naxalites。印度一極端左翼、擁護毛澤東式共產主義思想，主張武裝反抗當局的團體總稱。

註6：SWOT —— Strength, Weakness, Opportunity, Threat。

解釋童工

過去三十五年來，我被問了不下數百個和童工有關的問題。問這些問題的人並非支持童工，也未曾對兒童犯下暴行。但真的有太多人不懂童工和文盲、貧窮等其他社會因素的關聯性。我最常被問到的問題是：如果不讓窮人家的孩子工作，他們該如何存活？有人會照顧和養育那些父母年邁、生病或殘障的孩子嗎？

我希望詳細討論這些問題。人們必須明白，如果我們繼續讓貧困兒童去當童工，那麼他們將永遠是窮人、文盲，也會被剝奪所有發展和成長的機會。長大後的童工通常既虛弱又不幸，被困在文盲、失業、貧窮和身體疾患的惡性循環中，致使他們的下一代也無法翻身。

其次，童工的父母通常沒有工作。令人不解的是，印度約有六千萬名童工，失業的成年人。卻高達六千五百萬之多。比起成年人，雇主更喜歡兒童，因為他們較順服又最便宜。

我們更必須認知到，孩童通常是代替成人工作，這已被各種研究一次又一次地證實。印度的情況和全球的統計數字沒有太大差別，全世界有兩億一千五百萬名童工，同時間，有兩億個成年人處於失業狀態。從這些統計數據來看，雇用兒童，但讓他們的父母四處找工作並無任何好處。

在童工猖獗的地區，成人就業率大幅下降，因為雇主認為以兒童代替成年人有利可圖。兒童無法要求高工資，而且常同意用免費工作換得食物和居所。於此同時，這些孩子的父母找不到合適的工作，進入了貧窮的惡性循環。孩子工作是為了要寄錢回家補貼家用，則是必須被揭穿的另一則迷思。各處都充斥著卑鄙與剝削，孩子往往連自己的需求都滿足不了，更別說能幫到父母什麼。

你還必須知道，一千名童工中只有三名是孤兒，因此不能一竿子打翻一船人的說孩子們是因為父母過世才必須工作。就這些少數孤兒而言，國家政府、公民社會、宗教機構和民間企業是否有照顧他們的責任和義務？如果這些孩子連最基本的支持都得不到，那麼有政府和這麼多慈善機構又有何用？

我們必須保障這些孩子的基本生存需要、他們與生俱來的權利和發展機會。別忘了政府有為身障者、老年人、低收入戶而設的福利計畫，該做的應是努力去落實這些計畫，而不是為童工的合理性辯護。小孩有年邁雙親的例子並不多，我還沒看過哪個十歲小孩的爸爸是七十歲的老人。因此，我們不該假定很多父母無力照顧自己的小孩。

人們也傾向認為，讓窮人家的小孩去工作比讓他們在家挨餓更好。未受教育的困苦家庭普遍認為孩子越多等於勞動力越高，這種觀念加深他們生孩子的欲望，卻反使貧窮和童工的情況加劇。

透過人口分析我們知道，在童工和販賣兒童較猖獗的區域，人口增長的比例也相對較高。

我想請你注意童工面臨的危險。跟成人相比，兒童更容易因工作受傷。長時間暴露在充滿灰塵、化學物質、殺蟲劑和熱氣的環境，使他們更容易生病。在採石場和礦坑工作的兒童經常因背負重物而受傷，而在農地裡工作的兒童，常在噴灑殺蟲劑時因吸入有毒氣體而患有呼吸系統疾病。

我遇過幾起兒童在無人監督或沒有安全防護措施的環境下，因使用尖銳工具而致殘的情況。我也曾從會使人患上幽閉恐懼症的狹小工作室裡救出孩子。因此，我可以根據我的經驗告訴你，每天在沒有管制的情況下工作十二至十四小時，嚴重損害了孩子的視力、肝腎肺功能和纖弱四肢的發展。

生病的童工長大後經常必須花很多錢看醫生。許多因工作生病或致殘的兒童，一旦雇主認定他們不再有利用價值時，便無情地將他們掃地出門。他們不願接受原本只是他們用以換取利潤的資產，突然間就成了他下半輩子的責任。

我想讓你們知道中央和邦政府有幾項關於童工和抵債勞工的補償計畫，最高法院和其他高等法院也曾對童工問題作出了許多具里程碑意義的判決。依據一九七六年的債務奴役制度（廢除）法，獲救的抵債童工家屬有權獲得中央和邦政府共同補助的兩萬盧比法定賠償金。

除上述福利外，這些前童工的父母也能優先申請政府分配的公家工作和福利公宅。童工（禁止和管制）法則規定，勞工部救出的每個孩子都可向雇主追討兩萬盧比，而這筆罰款將存入銀行成為兒童的福利基金，用於負擔獲救兒童上學和復健時所需的費用。積極的公民社會可以確保兒童福利法規以對兒童最有利的方式落實。

實際上，貧窮和童工仍有著雞與蛋的關係，很難指出到底誰先出現。童工助長了貧窮的惡性循環，因為若持續未受教育，僅從事無須技術的重複性工作，只會削弱孩子未來在就業市場上的競爭能力。但我並不是要大家停止為貧窮家庭紓困，只是在說同時處理這兩個問題的重要性。若童工仍存在，不可能消滅貧窮。反觀，若不解決父母所遭受的貧窮困境，也不可能根絕童工。

若成人投入童工的工作，他或她可能獲得高達八倍的收入，所以只要一個穩定就業的成年人就能輕鬆承擔家中每日的開支，同時還能讓孩子上學。這不僅能遏制上升的失業率和由此而來的貧困，也能確保孩子有更光明的未來。

將工作機會釋出給成人還能促進社會的正義和平等。宏觀地以喀拉拉邦和北方邦為例，就更能理解與童工和教育是連動的問題——這兩個邦以前幾乎一樣窮。但當今日喀拉拉邦幾乎達到百分之百的識字率時，遠遠落後的北方邦卻還有近三分之一的人無法讀寫。

聯合國的一個專門機構，國際勞工組織（International Labour Organization）最近做了一項研究，發現投資在消除今日童工的每一盧比，在往後二十年內將有七盧比的獲利。

人們常問我什麼是致使童工存在的主因。我認為最主要的原因是冷漠和缺乏對童年的尊重。這些態度表現在不關注貧困兒童及由此而生的無作為之上。第二個原因是缺乏政治意願，這可從政府未確實執行社福政策和勞動法規看出。政府在制定年度預算時，也從未分配足夠的資金給教育、醫療和消除童工所用。第三，包括政府未能落實農村發展與扶貧計畫、保障成人基本工資、給農民合理的農產品價格及提供孩童免費有品質的教育，都是加劇童工現象的原因。性別不平等和種姓偏見更進一步助長了童工的存在。

然而，社會並不在乎工作對兒童的傷害，仍繼續雇用童工。我們還是能看到兒童靠著在祖傳土地上工作維生。不止一個原因使雇主喜歡兒童勝於成人，除了他們是最便宜的勞力外，若他們被迫持續在不人道的條件下工作，也比較不會鬧事，不會像成人一樣籌組向雇主施壓的工會。雇主不須大費周章，只要用很少的錢，甚至是不給錢就能強迫孩子超時工作。我們常看到童工被當成無生命的物品一般，被迫直接睡在工作的車間。

人們也注意到受洪水、饑荒、地震等自然災害和戰爭衝突影響的地區成了兒童販運者的溫床，那裡的兒童常被人口販子抓去賣淫或乞討。

讀者可能會以為，如果我們不清楚童工的原因就無法根除它。但許多人都忘記了約一個世紀前，幾乎所有國家，包括英國、挪威、瑞典、法國、德國和日本等工業化國家在內都有童工問題。他們在認識到讓兒童工作不利於實踐社會正義、全民教育、提高生產力與穩定經濟實力，就開始系統化地努力杜絕童工現象。

透過提高社會意識、落實社會安全福利制度、嚴格執法、提供優質教育，這些國家逐漸根絕童工。土耳其、巴西、中國、南非和斯里蘭卡等國在消除童工方面也有顯著的進展。

以兒童就學率幾乎達百分百的喀拉拉邦為例，能有這些成果多虧政府有提高社會意識和提供免費優質教育的強大政治決心。北阿坎德邦、喜馬偕爾邦、坦米爾納度邦和古吉拉特邦在消除童工方面也有穩定的進步。比哈爾邦也在往這方面努力。

值得注意的是，在確實執行聖雄甘地全國農村就業保障法、全民教育、免費午餐等農村發展計畫的各邦，童工的發生率顯著較低。積極的工會也能有效遏止童工問題。綜觀全球，非正規行業和地下經濟是童工的溫床。如果大家能一起誠實、有計畫的處理童工問題，絕對不難根絕童工。

讓我用幾個例子來解釋。巴西政府幾年前推出了名為學校書包（Bolsa Escola）的福利計畫，後來計畫範圍與成效倍增就改名為家庭背包（Bolsa Familia），其中包含三個項目——現金轉帳、相關條款、補充行動這三個項目。現金轉帳能為國內貧窮人口提供即時的救濟，以此回應收入不均的問題。相關條款加強保障人們能取得教育、健康、社會安全等基本社會權利的管道。補充計畫的目的則是提供正增強給送孩子上學的家庭，鼓勵他們持續送孩子上學，同時確保適當的醫療配套措施，以減輕未來重落貧窮的風險，最終目標是要打破出身貧窮便不能翻身的詛咒。

本計畫的直接成效是讓近六百萬名童工不再上工，轉而上學。消除童工的努力在墨西哥、祕魯、坦尚尼亞和斯里蘭卡都非常成功。透過提供免費教育和提升教育品質，肯亞、坦尚尼亞和馬拉威等國的童工人數也顯著下降。

孟加拉透過在學校分發糧食以鼓勵貧困兒童到校上課上學，印度則透過在公立學校提供免費午餐，並提供獎學金和自行車等獎勵來鼓勵女童上學。兩者都取得顯著成果。

若消費者對童工製造的商品有更多的認識和行動，也能帶來影響。消費者比以往更清楚發展中國家利用兒童生產商品的情況，也更毫不猶豫的抵制它們。媒體也發揮了重要作用，他們不遺餘力地揭露某些全球化產業使用童工的惡劣情況。

由於消費者意識的提升和媒體的積極干預，企業被迫承認它們的產業鏈中確有違反人權的事實，並回過頭來強制要求國際供應商遵守法規。雖然許多公司很少主動確保產業鏈中的每個節點都遵照法規行事，但若妥善監督供應端，確實能因此降低侵犯人權等情事。

舉例來說，十五年前在北方邦瓦拉納西、巴多希（Bhadohi）、密札浦（Mirzapur）一帶，仍約有三十萬名兒童債奴在編織地毯，他們多數是從比哈爾邦和尼泊爾等地被拐來的孩童。拯救童年運動帶頭發起全球的消費者意識運動，並發明了原名為「魯格馬克」，現稱為「好織」（Goodweave）的認證標章。

這項運動透過呼籲每張地毯都必須經過無童工標章認證的倡議，串連原有的突襲搶救行動及社會動員，致使該區童工減少八成。此標章制度隨後推行至南亞地區，當時印度、尼泊爾、加上巴基斯坦，共有約一百萬名兒童在地毯製造業工作。隨後，南亞的童工數因「魯格馬克」標章而減少七成。

另外，在學童的幫助與響應下，拯救童年運動發起另一個反對煙火工廠雇用童工的全國倡議運動。我們都知道在坦米爾納度邦維魯杜納加爾縣西瓦卡西（Sivakasi）鎮的煙火工廠裡，有很多童工在極端惡劣的環境下工作，此行動大幅降低了煙火業的童工人數。世界各地的非政府組織、工會也開始效法致力於消除童工，並積極建構知識、制定政策和找出最佳解決辦法。

人們常問我，如果窮人家的孩子可以選擇早一點去賺錢養家餬口，我們為什麼一定要讓他們受教育？這種根源自社會偏見的謬論，正是使社會不公的最大元兇。人們偷吃步地發明不同觀點和雙重標準來解釋社會的不同階層，並運用這些解釋進一步加深不平等和歧視。說句公道話，我們沒有體認到適用於貧困兒童的行為準則，不應與我們對自己孩子的行為準則有所區別。若您認為教育會助長失業，那麼您又是為什麼要花大錢在自己孩子的教育上？遊戲規則不該在某個社會階層是一套，在不同階層又是另一套。

現在是資訊科技蓬勃發展的全球化時代。在過去的二十五年裡，教育觀念有了徹底的轉變。稍早的口號是「上學才有工作」，現在則是「上學才有力量」。在知識經濟掛帥的資本主義時代，教育是奠定人們存在價值與身分認同最重要的工具。

我們絕不能忘記教育是國際公認的人權。事實上，教育也是所有其他權利的基石，否定教育無異於否定所有人權。

但是，我們也不能忘記在現行的教育系統中，品行、社會關懷、平等和人道價值往往不被看重。我力倡建立一個免費、強制、平等、有用這四管齊下，能回應社會需求、符合就業市場又注重品質的教育系統。

舉例來說，我並不將印度的經濟繁榮完全歸功於政府和政治領袖，它也歸功於在醫藥、軟體、資訊科技和其他先進知識領域表現出色、前程似錦的印度青年，是他們為國家帶來榮耀。今天，如果我們想討論全球經濟地景，就不可能略過印度、中國、巴西、土耳其、南非、韓國等地，是知識和教育使這些國家的進步成為可能，一些重要的經濟研究也證實了這點。

每多讀一年小學，就可讓男孩長大成人後的薪資增加百分之五至十五之多，若是女孩，薪資的成長幅度則可能更高。每多讀一年中學，個人薪資就會增加百分之十五至二十五。如果不能先讓至少四成的成年人學會讀書寫字，沒有哪個國家能維持快速的經濟成長。而母親有讀寫能力的孩子能活過五歲的機率，則是文盲母親所生孩子的一點五倍。

另一項研究顯示，如果所有孩子都受教育，未來十年可以預防七百萬起愛滋病例的發生。教育也是增加農業生產力、提高治理透明度、確保包容性發展持續成長和促進公眾積極參與以實現有效民主的必要條件。

我也被問到如果童工真的不該存在，為什麼沒有任何宗教領袖發聲抗議？自古以來，各種宗教、廟宇、清真寺、教堂和錫克教寺廟（*gurudwaras*）的聖人都在宣揚人性，那為什麼童工沒有被消除？

在我看來，宗教和兒童之間存在一種古怪的關係。嬰兒出生時沒有宗教信仰，是我們這些大人給了他們獨特的宗教認同，並通過舉行如基督教的受洗、伊斯蘭教的割禮（*khatna*）、印度教的剃頭等儀式來進一步畫分並表明孩子已隸屬於某個特定宗教或教派。對我而言，當孩子被標記成某個教徒之時，普遍人性又失去一個寶貴的支持者。

全球約有十億個貧困孩童，其中，將近兩億一千萬個孩子必須犧牲健康和教育去工作。

七千萬個小孩從沒上過學，一億五千萬個兒童在讀完小學前就被迫輟學。每分鐘都有十個小孩死於營養不良。

上萬名落入人口販子手中的兒童，最終免不了從事性工作。有些孩子的器官被拿去販售，有些孩子則被迫在農地、工廠、磚窯、妓院等地工作。至少有五十萬名兒童身陷武裝衝突的地區，或許還被迫成為童兵。在應該玩樂的年紀，這些孩子被迫拿起 AK-47 和 AK-56 等致命武器。

儘管不乏有人在教堂、清真寺、神廟和其他宗教機構中佈道，童工仍以最惡劣的形式存在。雖然我不明白為何宗教對杜絕童工一事保持冷漠，但它們很可能只是受權貴菁英等真正必須對童工這項存在已久的惡習負責之人所控。總而言之，宗教機構很少為維護兒童權利挺身而出。

孩童在印度教中的地位與神相當。不僅印度教徒祭拜某些女童，印度史詩也揭示古代並不存在性別不平等。宗教上，羅摩神和克里須納神的童年故事是印度教文化不可分割的一部分。在古印度的學校（*Gurukul*）中沒有歧視偏見，尊貴的克里須納王子和貧窮的蘇達瑪同住共學。不管性別或經濟背景為何，眾人的教育機會均等。

而我們也能從聖經窺見耶穌基督對兒童的疼愛。祂說：「讓小孩子到我這裡來，不要禁止他們；因為在天國的，正是這樣的人。」人們必須明白，耶穌呼召的不僅只是受洗過的孩子，祂明白地向所有孩子招手，不因他們的種姓和宗教而差別對待。更重要的是，祂藉著讓「孩子來到他們當中」向信徒彰顯誰在天國裡是最受重視的。

伊斯蘭教中有大量例子證明兒童是人類最珍貴的資產。只有一個女兒先知穆罕默德稱女兒是神賜予的神聖禮物。伊斯蘭教也反覆強調全民受教的重要性。

古蘭經教導我們在各方面都要尊重兒童的尊嚴，例如讓孩子有自己的身分認同，人們也應在他們步入社會時對其懷抱深刻敬意。我自己與伊斯蘭教的相遇，是透過小時候在祖父母家附近清真寺裡的一位祭司。我受這位無私且對孩子友善的老者吸引，並在他背誦伊斯蘭教的故事和教義時，向他學習烏爾都語。我還學到真主阿拉並無形體，但我們能從坐在母親膝上的孩子笑容中感受到由祂而來的光芒。我永遠不會忘記這件事。

現在來看擺明在眼前的事實。有人可以同時膜拜女孩，卻不會為強暴一歲的女童感到羞恥。統計數據顯示，我國有五成三的兒童曾遭受某種形式的性剝削。墮除女胎和殺害女嬰的比率創下歷史新高。許多女孩被賣去當妓女或奴隸。在巴基斯坦、阿富汗、蘇丹等國的伊斯蘭教學校裡，有人以學習宗教之名招募年輕學童，實際上卻是將他們洗腦成毀壞伊斯蘭教教義的恐怖份子，甚至是自殺炸彈客。

也有不計其數的社區領袖使用童工，甚而無情地虐待他們的身心靈。我還記得曾從位於北方邦工業小鎮菲羅扎巴德（Firozabad）的玻璃手鐲工廠救出一名七歲男孩。

他用吹製熔融玻璃的方式製作手鐲，皮膚早已被過量的煙霧、熱氣和灰塵給燻黑。作為被賣給黑心雇主還債的童工，他常因工作上的小失誤挨揍。

某天工作時，熔化的玻璃意外地滴到男孩手掌，使他受了重傷。灼熱液體像子彈般刺穿他的皮肉和骨頭，但雇主不但沒帶他去醫院，反倒痛毆他一頓。我被他的悲慘故事嚇呆了。當我問他叫什麼名字，他天真地說：「穆罕默德。」雇用他的人是穆斯林社區的一名領袖，卻能面不改色地折磨一個與先知同名的孩子。

這使我想起在北方邦密札浦縣（Mirzapur）發生的另一起可怕事件。我們突襲了一家地毯工廠，救出十二名年輕女孩，她們從中央邦和恰蒂斯加爾邦的蘇古賈縣（Sarguja）被抓，爾後被轉賣到密札浦的村子。她們被關在這裡已將近兩年。在救援行動中，十一名女孩與我們的工作人員一起逃出工廠，但仍有一名十四歲少女孩失蹤。我找一位女性地方法官和我一起走進小工廠，震驚地看到那女孩只是面對著牆不斷啜泣。

我們告訴她她已經自由，即將能和父母團聚。聽到這個，她哭得更大聲了。我們問她怎麼了，她痛苦地尖叫回應：「我已沒臉回家。」後來我們才知道，她是因為被雇主強暴，並因此身懷六甲而不想回家。我們問起她的名字，她答：「悉塔（Sita）。」那是有宗教意涵的名字，她與印度史詩《羅摩衍那》（Ramayana）中羅摩神的妻子同名。更令人震驚的是，她的雇主是當地的印度教領袖，他的工廠門口刻著斗大標語要求修復重建阿約提亞的羅摩神廟。還有比這更荒謬的悖論嗎？如果你是我，你會做何感想？

在德里的某些穆斯林社區搶救被綁架兒童時，我們遇到了很大的困難。二〇一一年，我和幾位同事在一次祕密突襲東德里的金絲線（*zari*）刺繡工廠區時，遭到暴民攻擊。這些工廠老闆勾結神職人員，假借伊斯蘭學校教育之名，誘拐並迫使三十多個穆斯林小孩為其勞動。又藉著大肆宣傳伊斯蘭學校受人攻擊，煽動民眾的狂熱情緒。

誰都看得出這些事件無關乎宗教，但我們豈能忽略有些人正假借宗教之名，行剝削不幸窮人之實？

很多例子都透露，各種收容兒童的慈善機構，如不同宗教團體管理的神學院、修道院、孤兒院、庇護之家等的生活條件都奇差無比，不僅孩子應有的尊嚴與保護受到剝奪，還必須承受體罰與各種虐待，在某些地方，甚至連性侵都是日常。

我們社會中普遍存在的弊端和惡習並未因宗教而減少，犧牲兒童這種令人髮指的罪行也仍然存在。傳統上，人們認為兒子是天生的繼承人，女兒不論在家庭或社會都遭受歧視，這種心態仍表現在墮除女胎的氾濫上，印度農村常見的童婚也反映此心態。近半數的女孩在她們應享受童年、接受能改變未來的教育之前，就被迫嫁人。我們應為此感到羞恥。

我認為任何具社會責任感的公民都該堅持要求各宗教的信徒、特別是神職人員來譴責任何形式的虐待兒童，並維護孩童的權利和尊嚴。不論出自任何宗教文化背景的人，都必須認真努力保護兒童權利。

印度憲法不分性別、社會地位、經濟水平，一致保障所有兒童的權利。印度也簽署許多國際公約，並頒布許多禁止童工的法律，但不幸的是，仍有許多人公然藐視這些律法。

印度憲法明定不得雇用十四歲以下的兒童在工廠、礦場工作，或從事任何其他危險職業，並禁止各種形式的強迫勞動、人口販運和剝削。此外，也保障所有十四歲以下兒童接受免費義務教育的權利。也有如一九七六年的債務奴役制度（廢除）法和一九八六年的童工（禁止和管制）法等強制規範。

此外，二〇〇〇年的少年司法（關懷和保護）法〔The Juvenile Justice (Care and Protection) of Children Act, 2000〕規定，任何雇用未滿十八歲的青少年和兒童從事危險工作、束縛其行動、扣押或竊佔其收入為己用之人，應判處三年以下有期徒刑，併科罰金。這些法律都會定期修訂，以確保任何形式的剝削、奴役（有明列的職業和過程）和販賣兒童都是法律懲戒的罪行。

印度最高法院和其他高等法院為消除童工問題作出了歷史性的判決，包括逮捕有過失的雇主，勒令有兒童工作情事的場所停業，並規定每位童工有權向雇主討回兩萬盧比的工資。判決也將兒童的復健過程納入考量。但公民缺乏法律意識、政府官員不負責任、政治和行政單位的貪腐、專業勞工稽查人員的短缺及黑金的影響，都妨礙了法律的落實。

很大一部分的童工問題必須歸咎於黑金和貪腐。據非政府組織估計，我國有近六千萬名童工，但官方卻聲稱童工只有一千兩百六十七萬名（如二〇〇一年的人口普查所示）。

官方的統計數字顯示，每個孩子每日平均的工資約為十五盧比（換算為三毛美元），這意味著六千萬名童工共可賺得九億盧比（一千八百萬美元）。若用六千萬個成年工人取代童工，並假設每名工人的平均日薪為一百一十五盧比（兩塊三美元，儘管這仍低於法定最低工資），他們一天內將賺取約六十九億盧比（一億三千八百萬美元）。

因此，若要叫雇主放棄使用童工而改聘成人，他們必須額外掏出六十億盧比（一億兩千萬美元）。試想若雇用童工一年工作兩百天，雇主平均可省下一兆兩千億盧比（兩百四十億美元）。這麼一來，雇主光靠作假帳，在帳簿上記下付給每名成年工人一百一十五盧比（兩塊三美元）的酬勞，就能從每個童工身上輕易省下一百盧比（兩塊美元）。由此賺得的一兆兩千億盧比（兩百四十億美元）全是黑金，其中部分被用來賄賂警察和政客，使我國早就興盛的地下經濟變得更為猖獗。

人們總想知道如何能在個人能力的範圍內幫助消除童工。我說，現在正是我們集體努力促使社會轉型的時刻。在你個人的能力範圍內，你必須下定決心，永遠不在家裡或工作場合使用童工。

若朋友或親戚家中有童工，請別接受他們任何形式的款待，甚至連一杯水都別喝。堅決不在有童工的餐館或商業機構接受服務，或在有童工的店裡購買商品。抵制童工製造的產品，更試著灌輸親朋好友這些習慣。試著說服童工的父母送孩子上學，盡力使他們了解兒童權利。

警告那些雇用童工的人，若有必要也別怕向警察、勞動部或兒童求助熱線檢舉他們，不管用打電話、傳簡訊、寄電子郵件或寫書面投訴信都行。身為一個具社會責任感的公民，請別投票支持那些不譴責童工，或當選後未能有效消除選區內童工的候選人。

看到童工成為媒體討論的焦點使人振奮。如果你發現童工問題，請多花點心思關注，並用最短的時間找到媒體，透過他們將訊息傳遞給群眾，這能帶來更多的衝擊。

你還能透過臉書和推特等社群網站宣傳，藉此提高大眾對童工問題的認識，或是強調教育的重要性，要求國家為消除童工投入充足預算，倡議落實童工相關法規，並開展教育消費者的行動。

您也可以加入拯救童年運動等組織的志工行列，和我們一起攜手解決童工問題。

我想呼籲每個人一同盡其所能來消滅童工，而不是等待別人先採取行動。拖延只會使問題惡化。作為印度公民，我們必須盡一切努力消除童工現象，否則我們將愧對後代子孫。

第二章

童年自由

「民主與自由密不可分，而自由與童年密不可分。童年和自由，缺一不可。」

1. 根據二〇一一年印度人口普查，國內共有一千一百七十二萬零七百二十四名童工。
2. 但據非政府組織統計，印度童工受害者超過五千萬名。
3. 二〇一四年，國家犯罪記錄局的報告指出，當年度只有一百四十七起童工案件。
4. 二〇一四年，國家犯罪記錄局的報告指出，當年度只有四百五十八名童工獲釋。
5. 二〇一四年，所有登記在案的犯罪紀錄中，只有百分之二的童工雇主被判刑。

家務童工：實為奴隸

國際社會終於開始關注全世界超過千萬名的家務勞工。注意到這些工人的組成，國際勞工組織決定將六月十二日定為世界無童工日。值得注意的是，去年在世界各國政府參與年度大會的期間，國際勞工組織才通過了一部保障家務勞工的安全、權利、工作環境等，讓他們能有尊嚴地工作的國際法，即第一八九號公約（家務工體面勞動，Decent Work for Domestic Workers）。印度國會也在去年六月通過了類似法律，此前從未有任何法律能保障成年家務工的安全。至於家務童工，儘管印度等許多國家已在幾年前立法禁止，印度國會仍未正式批准使其生效。

家務勞工是隱形的奴隸制度：在緊閉的大門後，在虐待和暴行臨到前，做著極其勞累的工作。它是以現代形式存在的封建思想，是受過良好教育、專業且具影響力的家庭，為著自身方便而奴役貧窮無助之人的制度。法律確實很難關注到這種角落，但許多兒童和婦女被迫浮沉在這令人憎惡的悲慘中。

前幾年拯救童年運動在國內要求釋放家務童工的活動中遇到幾起事件，其痛苦程度足以嚇壞眾人。來自阿薩姆邦某村落的幾個居民向在德里的我們求援，他們甚至不會說印地語。他們解釋六、七年前，一個仲介機構的人口販子將他們的女兒引誘到德里，從那之後他們就再也沒有女孩的消息。經過深入調查，我們發現那個仲介機構已歇業，原老闆已將女孩賣給另一家機構，當時女孩們才不過八到十歲，後來的老闆則以兩萬五至三萬五盧比不等的金額將女孩賣至各處。至於警察？他們不僅與仲介勾結，還盡全力保護富裕的奴隸主。業主們多年來也從未給過為他們做牛做馬的女孩一毛錢。其中一個女孩拉德哈（化名）在獲救後甚至不想見她的父親，當她被送到少年之家時，他們發現這名十五歲的孩子已懷有身孕，我們很難體會她的父親究竟有多痛苦。

另一事件更讓人汗顏。去年，有家名為瑪麗安修道院的仲介公司，在阿薩姆邦科克拉賈爾縣（Kokrajhar）在地掮客的幫助下，將當地十二名少女拐至德里。德里的仲介把孩子全都關在一個房間裡，並要求她們一個接一個脫光衣服，謊稱是要檢查她們是否藏了電話號碼、地址、文件或其他可能危害未來雇主的物品——但那背後其實別有用心。大多數女孩出於羞愧，絕口不提自己的遭遇，只述說仲介在將她們移交給雇主前，對其他女孩犯下令人難以啟齒的罪行。

自二〇〇六年起，使用各類家務童工在印度已不合法。政府官員則是自一九九九年以來便被禁止在家中使用兒童當奴僕，違反者最高可判處一年有期徒刑。

除了成為童工外，許多女孩也淪為人口販運、奴役、抵債勞動等罪行的受害者。儘管前述幾種罪行都可判處數年有期徒刑，讀者將驚訝地發現，在印度未曾有任何犯罪因使用童工或抵債勞工而入監服刑！

為何這種封建時代的奴隸制度能披著貧窮的外衣繼續發展？辯護方經常用的無恥藉口是：若不給家境清寒的女孩工作，她們將會誤入歧途、上街乞討或死於飢餓，好像給她們工作是種善行。許多人大言不慚的說自己把女僕當成親生女兒一樣對待，但事實是，他們養一個無辜少女為奴，只因她是市面上最便宜的勞工——她不敢出聲抗議暴行，也不敢像大人那樣堅持要求每晚回家。相反地，她已準備好承受每晚睡在陰暗骯髒的車庫裡、廚房一角、或甚至是屋外的陽台，用麻袋或破爛墊子當床，用塑膠布當棉被——不論夏天、冬天或雨天皆然。雇主自己則睡得香甜，相信女孩沒那麼容易能行竊與逃跑。清晨，因冷風而瑟縮的女孩，不發一句怨言地幫雇主心愛的兒子背起沉重書包，陪他去等校車。這就叫做對她們好？

在貧窮面前繼續為童工找藉口是違反正義原則的。首先該追問的是：難道兒童因貧窮有罪？抑或他們不過是貧窮的受害者？難道將這些無辜兒童永無止境地置於貧窮、無助、文盲、疾病和奴隸制的詛咒之下，不會讓公民社會的道德蒙上污點？

一方面，國家有六千萬名童工，另一方面，卻有六千五百萬個成年人失業。多項研究表明，多數失業或只有部分兼職的成年人不是別人，正是這些不幸童工的父母或兄姐。如果讓孩子從工作中解放，家裡的大人就有可能就業，從而減輕他們的貧困。

別忘了，接受小學教育是所有六至十四歲兒童的基本權利。讓兒童在家中、旅館、餐廳等地工作即違反憲法，嚴格落實禁止童工的法律是政府之責。為此，政府必須招足訓練有素的勞動稽查官員來協助監督，和村評議會（*Panchayat*）、志願組織和社福機構合作，並允許公民團體能自發性地在各地組織突擊搶救行動。若經過這些努力後某處仍有童工，勞工、企業和警察部門的監察人員則必須為此接受懲處。此外，最重要的仍是，我們必須共同抵制那些雇用童工的家庭——即使那是我們的親朋好友，仍不能妥協。

（——二〇一三年六月）

人權和童工

容我先讚揚西班牙電信（Telephonica）在拉丁美洲反童工運動中的領導地位。再過幾個月，全球童工大會即將於巴西召開，此時召集國際社會和所有其他利益攸關團體參與此會議真是再恰當不過。我希望這次會議有助於讓大家感受到事情的急迫性，並再次重申我們對兒童的承諾。離實現千禧年發展目標，包括全民教育的達喀爾目標（註1）的期限只剩兩年，而消除最惡劣形式童工的期限也只剩三年了。

本世紀初，我們在創建對兒童友善的世界上取得了重大進展。失學兒童人口從一億一千三百萬降至六千一百萬名，童工人數從近兩億五千萬減少到兩億一千五百萬名。一百六十一個國家批准了第一八二號公約，承諾消除最惡劣形式的童工勞動，並同意批准第一三八號最低年齡公約，承諾禁止所有未滿十四歲的兒童從事勞動。這些都是不容置喙的進展，但這還不夠，因為雖然童工和失學兒童數量有所減少，但減少的比例卻不如從前。

背後的原因是兩億一千五百萬名仍受剝削的童工和六千一百萬名仍舊失學的兒童們，比起先前被救起的那些孩子更難被發現。最脆弱的孩子被困在人們看不見的角落，長期承受貧困、歧視、社會經濟排除、奴隸、人口販運、愛滋病、武裝衝突、嚴重人權侵犯等苦難，亟需我們的關注。我們首先必須從弭平知識落差下手，找出這些兒童被困在哪裡，生活的處境為何。

一旦有童工情事發生，即違反了世界人權宣言（Universal Declaration of Human Rights）規定的幾項人權。當兒童必須在農業、礦業、建築業等危險環境工作，且工作任務可能危害健康時，便侵犯了宣言的第三條（人人享有生命、自由和人身安全的權利）。當兒童必須以勞動還債，被迫像奴隸般在生產線上工作或到別人家中當奴僕時，便違反了第四條（不得有奴隸、奴僕制度；禁止一切形式的奴隸與其貿易）。

此外，當童工被迫在不人道、不健康的危險環境工作，並受雇主虐待時，則違反了第五條規定（任何人不得遭受酷刑或殘忍、不人道或有辱人格的待遇或處罰）。販賣並強迫兒童如奴隸般地工作，也常違反了第十三條第一款所規定的行動自由權。而當兒童被迫超時工作不休息，甚至經常連週休一天都沒有時，則違反了第二十四條（每個人都有休息與休閒的權利，包括合理工時和定期帶薪休假）。最後，當童工情事發生時，第二十六條第一款中規定的兒童受教權也即刻被剝奪。

此外，童工與兒童販運等於否認並違反了「聯合國兒童權利公約」中規定的若干兒童權利。生命、生存和發展的權利被莊嚴地載入公約中，即第六條的生存發展權，第二十八條的受教權，以及第三十一條休閒、玩樂、參與文化和娛樂活動的權利。然而，一旦成為童工，孩子們的這些權利都會被剝奪，既不能上學，也失去健康。童工也違背了第十九條關於保護兒童免於各種暴力，第三十二條關於兒童勞動，第三十三條關於保護兒童免受藥物濫用和人口販運，及第三十五條關於防止兒童被綁架、出售和販運的規範。最後，第十五條明訂兒童有參與自由集會的權利，但當兒童成為童工，這項權利便自動被剝奪了。

童工也違反了各種國際條約中保護人權的原則，這些條約包括聯合國巴勒莫人口販運議定書（UN Palermo Protocol on Trafficking）和國際勞工組織的法律文書。童工違反了國際勞工組織為勞工制定的四項基本原則和權利，即：集會結社的自由並承認集體談判權，消除各種形式的強迫勞動，有效廢除童工和消除職業歧視。

這些原則和權利承襲了保護人權的精神，支持對我們生活至關重要的基本人道價值。

童工也違反了幾項國際勞工組織倡議的公約：若談到關於強迫勞動及其廢除的第二十九號和第一〇五號公約，許多兒童正以不同形式被迫勞動，如抵債工、走私販運和其他奴役；若談到關於集會結社自由的第八十七號公約，和關於組織權和團體協商權的第九十八號公約中，兒童不能組工會或為自身利益組成團體一事，惡化了對兒童的經濟剝削；童工也會削弱工會的集體談判能力，因為雇用兒童的工資比成人更低，他們的工時也比成人長；若談到關於最低就業年齡的第一三八號公約，兒童在達到最低工作年齡或完成義務教育前不得就業，以較晚者為準；此外，關於最惡劣形式的兒童勞動的第一八二號公約，則要求禁止使用童工從事如走私、武裝衝突、色情行業等危險的非法活動；最後，關於家務工體面勞動（Decent Work for Domestic Workers）的第一八九號公約規定，不得雇用低於最低工作年齡的兒童，或使其在危險條件下從事家務勞動。但儘管有這麼多公約，童工仍存在，甚至有人雇用年僅五歲的兒童。全球仍有一千五百五十萬名兒童是家務勞工。

聯合國兒童權利公約和國際勞工組織的數個公約列出幾種監督人權和兒童權利的機制。聯合國人權理事會（The UN Human Rights Council）負責促進和保護全球人權，解決侵犯人權問題，定期審查與評估各國的人權紀錄，並提出政策建議。非政府組織和國家人權機構也藉由撰寫受審國的影子報告，為審查進程作出貢獻。聯合國兒童權利委員會（The UN Committee on the Rights of the Child）則負責監督締約成員國執行兒童權利公約的情況，所有成員國都有義務定期向委員會提交報告，解釋權利如何被延伸應用（至國內法）。簽署並批准公約的國家必須在兩年後報告第一次執行情況，往後則是每五年一次。

已批准國際勞工組織公約的成員國，也被要求定期向國際勞工組織報告公約的實施情況，不僅要指出國內法是否已符合有關公約，還必須報告為使公約產生實質影響力所做的努力與進展。成員國每隔一至五年就必須報告自己為落實有關公約所採取的措施，以及實施過程中遇到的任何問題。

童工剝奪了各國憲法所保障的兒童權利。例如，印度憲法中就有保護兒童免受經濟剝削，禁止人口販運和強迫勞動，禁止在工廠、礦坑或其他危險職業中雇用兒童，及賦予所有六至十四歲兒童接受免費義務教育之權利等具體規定。

童工不僅違反人權，還妨礙發展。童工與貧窮和教育之間的關聯，突顯了童工對發展有害。貧窮常被認為是使童工繼續存在的主因，但事實上，童工才是使人無法脫離貧困的主因，因為過早投入勞動的兒童，失去受教育和學習技能的機會，長大後便無法如一般成人那樣獲得體面的工作與收入。由此可知，消除童工是消滅極端貧窮和飢餓（千禧年發展目標第一項）的先決條件。童工最常受抨擊之處，在於它剝奪了人類適切發展潛能的機會。要普及初等教育（千禧年發展目標第二項）有賴於勞動自由，這樣一來兒童才有可能上學和有良好表現。聯合國對千禧年發展目標的期中審查，明確指出童工是普及初等教育的主要障礙。

自一九七〇至二〇〇〇年針對一百二十個國家進行的一項調查提供了令人信服的證據，證明教育一直都有助於經濟發展，也是促使經濟持續成長的先決條件。最近一項針對五十個國家的研究顯示，若為全國人民每提供多一年的教育，即可使國內生產總值增加百分之零點三七，此研究證實了童工會抑制國家的經濟成長和發展。

若要消除童工，必須得弭平諸多落差，包括克服文化、金融、政治、知識、協調與銜接等各方面的差距。許多社會與文化仍普遍接受童工的存在，社經背景不利的家庭很自然地認為送孩子去當童工是他們的唯一選擇。至於雇用童工的家庭通常不覺得自己是在破壞兒童的成長和福祉，反倒認為自己是在幫助孩子，讓他們有額外的收入來支持家庭。這和人們僅從狹隘的經濟視角切入，而未以社經背景不同的兒童也應該享有同樣的人權來檢視童工現象有關。若要消除童工，我們需要克服文化差異，改變人心與態度。

儘管童工問題嚴重，與愛滋病與教育等議題相比，與童工有關的資料仍付之闕如。缺乏全球性的資金挹注，童工問題尚須努力捲動更多資源投入。

我們也應當留心政治上的差距。未能充分將國際公約和政策框架轉化為國內法，執法與取締的不力都顯示了政府缺乏終止童工的決心。包括非政府組織、兒童權利組織、教師協會、工會和一般大眾在內的公民社會都必須群起敦促各國政府履行其承諾。

此外，目前尚缺乏足夠的知識和數據來幫助我們了解不同形式的童工。例如，沒有統計在農業下不同子產業中從事不同活動的童工之數據，也缺乏對童奴問題的了解。過去曾有報導指出在可可田、棉花田、家事勞動產業中有許多童奴。據國際勞工組織統計，全球約有兩千一百萬人被迫勞動，其中的五百五十萬名是兒童。我們也缺乏對童奴的明確定義、數據和研究。當脆弱而順從的兒童受騙而被迫勞動，失去選擇與自由（如行動自由、休息自由等）時，就該被解釋為童奴，就算徵得兒童同意也不例外。我們必須清楚定義何為奴役兒童，才能辨識和拯救身處黑暗中的童奴。公民社會需要努力倡議將奴役兒童納入國際政策的議程中。

保護兒童免遭剝削的各個國際機構更需要加強合作與協調，採取一致的行動才能有效消除童工。舉例來說，國際勞工組織是在人權框架下，從勞工角度看待童工現象；而聯合國兒童基金會從侵犯兒童權利切入；聯合國毒品和犯罪問題辦公室則將其看成販運兒童及強迫其勞動的犯罪行為；至於教科文組織只處理兒童的教育問題。不同的觀點與領域畫分只會導致協調不足，使解決童工問題缺乏合一的力量。

在弭平差距的同時，我們也必須繼續複製並擴大辦理已有成效的方案計畫。我們其實並不乏讓童工問題走入歷史的解決方案，幾個例子可茲證明。首先，許多不單只著眼於兒童需求，也重視緩解家中成人以至於整個家庭脆弱處境的社會保護與福利計畫，已證明自己能有效回應童工問題。以印度來說，人們看到在已順利推行保障農村人口生計的聖雄甘地全國農村就業保障福利計畫（MGNREGA）、免費提供學校午餐以鼓勵學生入學的全民受教計畫（Sarva Shiksha Abhiyaan）及其他農村發展計畫的各邦，童工的比例也大幅減少。

巴西也推行了家庭書包福利計畫，若低收入家庭確實送孩子入學，就匯款補助他們，或直接減免學費。總之，教育能預防童工問題，若孩子們有機會接受教育，他們就不必工作。肯亞、坦尚尼亞和馬拉威政府推行免費教育並提高教學品質，也已大幅降低童工的發生率。我們亦可利用標籤機制來防止兒童在商品供應鏈的任何一環中受到剝削。

為了解決手織地毯供應鏈中的童工問題、並提高消費者意識，「拯救童年運動」發起了獨一無二的社會標籤機制。在此倡議下生產的每塊地毯，都會獲得一個無童工標籤。這項努力，加上突襲搶救及社會動員等其他行動，使地毯業的童工數減少了近八成。由此可見產品認證也可以是遏制供應鏈使用童工的一種方式。認證系統的目的是查驗與保證商品符合特定標準，例如履行國際勞工組織第一八二號公約且確保不使用童工。國際公平貿易標籤組織（The Fairtrade Labeling Organization International）、雨林聯盟（Rainforest Allliance）和 UTZ 認證（UTZ Certified）正在推動可可亞生產的認證計畫。

儘管我們仍在等待童工發生率下降的具體成效，但在可可亞、菸草、棕櫚油、棉花、服飾等行業中，與各利益攸關者建立夥伴關係、通力合作至少有助於提高問題意識、加強責任承擔和累積知識。其中有些行業也引入了產品認證系統。

最後我要重申，徹底根除童工絕非天方夜譚，需要的只是真誠的政治決心。藉由適當的立法與執法，輔以充足的資源支持，並制定責任分配的框架，我們負擔得起，也有能力實現。第二，公民社會也必須建立堅不可摧的夥伴關係，集體努力重振全球的反童工運動，因為政府能否展現政治決心也取決於民間的要求與行動。國際社會和各國政府必須努力將童工議題納入人權和發展的政策與計畫，尤其是確保教育及扶貧計畫並不歧視或排除任何人。「孩子優先」、「孩子不能等」、「孩子即未來」和「時間緊迫」等口號不能只停留在表面的修辭層次，我們必須內化口號背後的精神並嚴加落實，讓剝削兒童情事從世上絕跡。

（——二〇一三年七月）

註1：The Dakar Framework for Action on Education for All。六項目標包括：一、擴展和改善學齡前兒童的看護和教育，尤其是對弱勢兒童。二、保證在二〇一五年之前爲所有兒童，特別是女童、處於惡劣生存環境中的兒童、少數民族兒童提供完全免費的高質量義務教育。三、建立合適的學習、生存技能項目，以公平途徑保證年輕人和成人的學習需求得到滿足。四、將成人特別是婦女的識字率，在二〇一五年提高百分之五十，並爲成人的繼續教育提供保障。五、在二〇〇五年底消除小學和中學裡的性別差異，並透過保障女童享有公平的受教權和高質量的基礎教育，在二〇一五年消除教育中的性別不平等。六、全面提高各方面教育質量，確保識字、算術和基本生活技能被所有人掌握。

童工和千禧年發展目標：連結各方努力

六月十二日是世界無童工日。今天，世界各國政府、非政府和勞工組織正在開展各種方案以增進人們對童工問題的認識。我們慶祝這天是為了強調與童工有關的各種議題，而今年考慮到六七月即將在南非舉行的世界盃，我們將主題設為「消除童工，讓我們射門得分」。國際勞工組織近期也發表了一分關於童工問題的報告。

據其報告，世上仍有兩億一千五百萬名童工，其中一億一千五百萬個兒童身處在滿是灰塵煙霧的礦坑或化工廠等極度危險惡劣的環境下工作，仍有數百萬個兒童以低於牛隻的價格被買賣，成為奴僕、抵債工、童妓或童兵，甚至被迫從事走私毒品等犯罪行為。

童工不是遺世獨立的問題，它與貧困和缺乏教育密切相關，此三者間存在著有如雞與蛋般的深刻因果關係。沒有好的教育才導致童工，童工又加重文盲問題。同樣地，貧窮使童工現象長期存在，但童工現象卻也使人們持續貧困。二〇一〇年是重要的的轉捩點，不僅期間發表的國際報告聚焦於這三個問題，國際社會也開始依此制定未來戰略、實行和監督方式。

今年一月，聯合國重要高層在衣索比亞的首都阿迪斯阿貝巴舉行了一場會議，有來自四十多個國家的教育部長和勞工部資深官員列席參加，他們於會上廣泛討論了一分關於全球教育現況的報告。據此報告，全球仍有七千五百萬名六至十四歲的兒童失學，看來「全民教育」的目標無法在二〇一五年實現。而若狀況未能改善，至少二十七國將無法實現此目標。報告也指出為社會經濟弱勢階層提供的教育資源不僅不足，還有惡化的趨勢。

童工被列為導致文盲、輟學和教育品質下降的主因。各國政府已被告知，若他們想實現全民教育的目標，他們必須更關注受社會不公和經濟不平等所壓迫之人民和社區等那些難被觸及的群體，包括身心障礙、有愛滋病等疾病、失怙、來自達利特或偏遠部落、受困於武裝衝突地區、流離失所、或因債為奴的兒童等，尤其是家務童工和受兒童販運所害的童工。這些未上學的孩子並非在家裡閒著，政府必須做出特別努力才能助他們擺脫困境和入學。

聯合國組織、各國的政府和非政府組織在此高峰會上共同發布了阿迪斯阿貝巴宣言（The Addis Ababa Declaration）。據此宣言，已發展國家的政府承諾要為教育議題投注更多援助資源，發展中國家的政府則承諾至少將百分之六的國內生產總值用在教育上。最重要的是，在宣言中各國政府都強調會盡最大努力消除童工現象和提供全民教育。此前，童工問題總是只侷限在國際勞工組織及各國勞動部門的國際討論上，但阿迪斯阿貝巴宣言強烈主張教育部門應與其他部會合作，亦不可偏廢內政上的推動，這不啻為重大的政策進展。

另一項重要活動是由國際勞工組織和荷蘭政府在上個月共同籌辦的國際反童工大會。包括印度在內，約有來自七十多個國家的代表參加此次活動。上次達此規模的會議已是一九九七年。我們在會議上制定了如何在二〇一六年前消除最惡劣形式童工的路線圖，其中包括決心、承諾和實際措施。此路線圖與阿迪斯阿貝巴宣言諸多相似。例如，消除童工的努力必須包括提供優質教育、與聯合國各組織合作、國內各部會協調、提高分配給教育的捐款和預算、並得到社會各階層的認同。這兩分文件也都強調在推動「全民教育」或「根絕童工」時，不得忘記貧窮問題和千禧年發展目標。同理可證，在評估千禧年發展目標的成敗時，也不容忽視教育和童工問題。

第三個重大的國際事件將於今年九月在紐約的聯合國總部舉行。世界各國元首，包括印度總理都將親自出席，對千禧年發展目標及消除赤貧的努力進行期中審查。

在會議前的最後準備階段，有人談到進步的指標和應嚴正關切的事項。二〇〇〇年，全球社會坐在一起確定了八個目標，其中包括將世界的貧窮程度減半，為所有兒童提供小學教育，還有與就業、環境和醫療保健相關的目標。大家一致認定教育是第二重要的目標，若未達成此目標，其他目標也不可能實現。儘管根絕童工並不直接列在千禧年目標之中，我們不該忘記在根絕童工前，要達成和教育、貧窮、就業及性別平等有關的目標有如天方夜譚。

今天，世界的經濟發展有賴於資訊與知識的傳播。沒有良好的全民教育，就不可能分散逐漸集中於少數人之手的商業和政治權力。一方面，全球還有兩億一千五百萬個兒童正在從事全職工作，另一方面，卻有一億八千五百萬個成年人失業。很明顯地，想達成千禧年目標中的降低失業率，必得靠根絕童工來完成，消除貧窮也與此相關。

印度議會通過了「全民受教權法」這項歷史創舉。但這項法律的成功取決於社會和政府如何連結根絕童工和提供教育的努力。為此，我們需要鞏固並調和各計畫，如全民教育計畫、學校免費午餐、清貧弱勢孩童獎學金、國家童工計畫（*Rashtriya Bal Shram Pariyojana*）和聖雄甘地全國農村就業保障法。在全球經濟衰退的背景下，如果我們想確保印度經濟增長率達到百分之九或十，必定得解放五至六千萬名仍在工作的孩童，他們不僅是我國重要的人力資源，也是鞏固我國未來經濟持續發展、社會更加正義與和諧的基礎。

（──二〇〇九年六月）

此刻亟需：友善兒童的心態

在世上最大的民主國印度，有四成七的五歲以下兒童處於營養不良的狀態。聯合國兒童基金會（UNICEF）近期透露，全世界在五歲前死亡的兒童總數是九百七十萬，光印度就佔了高達兩百一十萬名。而在全球一億五千五百萬個體重不足的初生嬰兒中，有五千五百萬個是印度人。每天都有五千七百名兒童死於營養不良或由此而起的疾病。一百名兒童中，八十名曾遭受身心虐待，五十一名曾遭受性剝削。每三個孩子當中就有兩個免不了定期挨打受虐。

每年都有四至五萬名兒童像手機、錢包或玩具那樣憑空消失，有五千至六千萬個孩童成為童工的受害者，有數百萬名兒童以低於牛隻的價格在甲地被買後再轉賣至乙地。在印度首都德里，平均每天有六個小孩被綁架。惡名昭彰的幫派在挖出孩子們的眼珠、或截斷他們的手腳後，迫使他們到街上乞討並非只是《貧窮百萬富翁》電影裡的虛構場景，而是嚴峻的日常現實。隨便選一天，你都很難「不」在報紙上找到無辜女孩的強暴案，或是對兇手的報導。兩年前，印度制定了禁止家務童工的嚴厲法規，但不消幾天人們還是再次聽到雇主無情毆打家庭幫傭，或用熱鐵烙印他們等等的可鄙惡行。施暴者可能是位女演員、政府高官或所謂受過教育的中產階級專業人士，但卻很少聽到媒體對此發出強烈抗議，每次這種案件發生後，新聞頻道只會播放政府或社福組織高層的「官方說法」一兩天，在那之後，一切又重回原點。

我們必須審視自己的內心：個人、公眾和政治層面的誠信都該被檢視。那些為自己孩子的未來付出一切努力的人——從努力工作到屈服於賄賂和貪腐——往往是那些不會停止奴役他人孩子的人。他們竭盡所能地送自己的孩子進昂貴的英語學校就讀，但在路邊攤喝貧苦小孩煮的茶或要他們幫忙擦鞋時，卻又不覺得羞恥。他們不會想到印度的未來不僅只屬於自己的心肝寶貝，也屬於其他孩子。若不只是政治領袖、政府官員，不只是談論兒童權利的知識份子，甚至連社工都支持錯誤的假設時，你覺得生活中不會有其他的雙重標準嗎？例如他們會說：如果可憐的孩子不能工作，他會餓死或成為妓女——所以童工對他們來說是比較好的選擇。有些人主張印度沒有足夠的資源為所有的孩子提供優質教育，又或者，如果強行讓貧困兒童進入昂貴的英語學校就讀，會使教育品質下降。滿街都是這種謬論。

這種冷漠的態度也反映在政治上。國內十四歲以下的兒童有兩億六千萬名，但與此不符的是，我們僅花了國內生產總值的百分之一點五在他們的教育上；在他們的健康上也差不多如此。

經過五年的漫長等待，教育終於成為憲法保障的權利，但這項權利又花了十年，才被制定進法律中，我們很難說究竟還要幾十年此法才能落實。法律中有幾項自相矛盾，但最大的諷刺是促成了教育的私有化，使其成為一種消費性商品，擴大了教育不平等的差距。關於兒童權利和福利的法律經常陷於這種悖論。儘管如此，我們的領導人仍舊年復一年，大言不慚地在兒童節發表精彩演說。

在此背景下，我們也必須讓大家知道為觸法兒童所設的少年司法之家環境有多惡劣。

最近的報告顯示，生活在這些收容機構的兒童一致認同那是「兒童監獄」。在被機構裡的大人暴力對待後，半數的青少年試圖逃離，裡頭八成的機構職員和工友不懂何為兒童權利。人們不用等到久遠的以後就能看到可怕後果：過去十個月來，受首都德里政府管理的少年之家中，至少有十二名兒童死亡。在過去兩年，則分別有十六和二十一名兒童喪生。

在國內，被任命來遏止童工現象的勞工稽查員未曾受過能教他們對兒童需求保持敏感，並在審訊過程中尊重兒童權利與尊嚴的相關訓練。警方的情況更糟：他們總是以粗魯、充滿侮辱、對兒童有害的方式來審訊那些可能曾遭受暴行的孩子。不論對象是基層員警或是高階警官，一概沒有教導他們如何用友善方式與兒童互動的培訓機制。不幸的是，法院裡的情況也沒有比較好。

千萬個兒童在全球化和資本主義的激烈競爭中，為著爭取更好的職業、更多的收入、更便利的生活而失去了童年。就算孩子讀的是最貴族的學校，他們仍得承受考高分的心理壓力，但若他們的學校缺乏基本設施又不易抵達，仍舊充滿危險甚至可能害他們喪命。日漸增加的絕非友善，不僅孩子、他們的監護人和父母都正面臨日益嚴重的冷漠。

事實上，整個社會都是依據成人（特別是男人）的權利、需要、興趣和舒適度來建構，我們的政治、法律、教育和醫療系統——以至於收入和資源的分配，都圍繞著這點。因為習慣，我們不想了解兒童權利，也沒有為兒童的安全和尊嚴採取足夠行動。沒錯，我們對他們心懷悲憫，但那是因為我們認為他們愚笨、軟弱和無助。各種交通工具、公共廁所、餐館、禮堂、道路、車站、甚至是學校和醫院等建築設計，都不曾優先考慮兒童的方便和安全——因為我們不把他們放在心上。

我們確實該設計一種新的社會思維：友善兒童的心態。同情貧困兒童，和視他們為無助之人或剝削他們一樣有問題。捍衛兒童權利仍流於空洞的承諾，僅靠在學術研討會上的修辭、商議和智識上的短暫投入並不能加深我們對兒童權利的理解，更遑論去保衛這些權利。兒童權利也不是光靠立法就能實現，它需要我們徹底改變思考、行為和生活方式。事實上，我們必須在家中、學校或公共生活從教導人們尊重童年、贏得孩童信任、與他們發展友好關係開始，慢慢建立起重視兒童權利的文化。

當務之急是喚起人們對童年、兒童權利和安全的重視。政府必須為所有可能與兒童有直接互動的人強制提供優質的教育和培訓，並強制他們參加：不管他們是校車司機、學校工友、老師、校長、醫院或保健中心的職員皆然，對在少年之家、學生宿舍、警察部門、勞工部門、法院等的職員則更為必要。此外也得讓一般民眾意識到兒童安全的重要性。

直到社會和政府牢記兒童的身心年齡和權利，為其需求做出特別安排，讓執法人員扛起責任，落實法院禁令，確實執行兒童福利相關方案，並發展友善兒童文化，為他們建起社會與心理的安全網之前，嚴重侵犯兒童及其童年的罪行仍只會被當作單一偶發的事件處理。

對於孩子們的現在和未來，我們還要演出多少偽善？還想欺騙他們多久？確實，現在多數孩子都沒有勇氣質疑他們的主人，但我保證未來將是全然不同的情況。有些孩子已開始挑戰沉痾已久的虛偽、一再發生的背信和持續壓迫兒童的習俗，這是我們迴避不了的潮流。明天，當孩子們回頭責怪長輩時，我們會有合理的解釋嗎？

（二〇〇九年三月）

家務工能得到正義嗎？

全球超過一億名的家務工多為婦女和兒童。你可能會驚訝我們直到幾天前都還未有能保障他們工作安全和尊嚴的法律，還好今年的國際勞工組織年會終於為此制定了國際公約。這條被稱為第一八九號公約（家務勞工的體面勞動）的新興國際法，為人們燃起希望。據此公約，各成員國必須在國內議會批准後，決定如何修法以符合國際標準。此公約除了給出一般指導原則之外，更承諾保護家務勞工的人權，確保廢除工作中的各種脅迫與歧視：包括消除童工、規範工時、醫療照護、每週休例假、性別平等和基本工資等。

印度政府原則上同意此公約，也可能進一步得到國會批准，但根本的問題在於：若政府沒有政治意願、行政誠信和人權意識，我們真能光靠幾條國際或國內法就終結這項罪惡？

我國約有五百萬名十四歲以下的孩子被雇用為全職家務工，其中九成是女孩。至於十四至十八歲的青少女家務工則為數更多。

我想談談幾個月前在德里發生的事件。「拯救童年運動」在警察的幫助下，解救十四名家務女童工。其中有對雙胞胎是三年前被仲介從賈坎德邦西新奔縣（West Singhbhum）帶到德里的。當年十歲的希達和拉達（化名）到村外逛園遊會時，被鄰近村民用帶她們去看免費表演的說詞騙上了火車。幸好她們的母親當時碰巧來到鐵路沿線附近撿木柴，聽到女兒們從車廂窗戶傳出的哭聲才有了追蹤的頭緒。但因缺乏證據，加上警察無能，可憐的媽媽最終什麼也做不成。名叫蘇達瑪的女仲介到德里後將女孩交給阿南德仲介公司，兩個女孩幾週後就分別被兩位雇主帶回家。

這些日子以來，女孩們一毛錢都沒領到。主人供稱自己已直接將薪水付給仲介公司，至於每天連續工作十五、六小時，為雇主洗衣、打掃、煮飯、照顧孩子的女孩們只受盡各種責備和虐待。獲救後，希達談起如果主人發現她與孩子們玩在一起，或看書，或和他們養的狗一起坐在床上，他們就賞她耳光。她的雙胞胎妹妹拉達則非常機敏，仍依稀記得村裡一位親戚的電話號碼。雖然一開始失敗了幾次，她最後成功聯繫上親戚，告訴他村裡的蘇達瑪正是綁架兇手，這才給了我們救援她們的機會。最後，仲介公司老闆被捕，但奴役這些女孩長達三年的雇主卻未受任何懲罰。

多年來，在家中養女僕一直是被印度社會所接受的行為。以前甚至有將年輕女僕包含在女兒結婚嫁妝中的習慣。如今，許多人為了自身的舒適、便利和安全，喜歡將來自村莊和小鎮的女孩留在家中作為女傭。不時有女童工從各級政府官員的家中被救出。不僅如此，人們也常在駐外使館及委任在境外聯合國組織的印度官員家中發現未領薪水、護照被雇主扣押的受虐女傭，有的雇主甚至謊稱他們是將薪水直接付給她們留在印度的家人。

在經濟起飛的印度，新興的中產階級有各種需求，而廉價的女童工便是其中之一，此需求導致許多所謂的仲介公司在國內非法運作。光德里就有兩千兩百家，而其中近兩千家並未登記立案，或是未能遵守法規。在賈坎德、奧里薩、恰蒂斯加爾、西孟加拉、阿薩姆等邦都有錯綜複雜的兒童婦女販運網絡。某個非政府組織的研究顯示，八成的受訪家庭偏好雇用十四歲以下的女童工，其他人則偏好雇用青少女。研究中約半數的女傭從未領過工資，雖然極少數的雇主確實有付薪水，但工資都被仲介公司搶走了。

超過三成被仲介帶離家園的孩子無法和家人聯絡。青少女承受的痛苦最鉅，因為在她們身體正經歷快速荷爾蒙變化的這個微妙年齡，也正是她們最需要和朋友、母親和其他親人維持情感連結、得到他們真誠建議的年紀。但她們卻處在光譜的另一端：身心受挫，活在痛苦之中。

我們必須努力解決這問題。

（——二〇一一年七月）

讓比哈爾邦成為友善兒童之邦

我們最近在德里的巴將普拉區（Bhajanpura）救出六十二位六至十四歲、出身印度東部比哈爾邦西塔馬爾希縣（Sitamarhi）和錫萬縣（Siwan）的抵債童工。仲介若不是直接誘拐孩子，就是用錢誘惑父母答應讓他們把小孩帶到德里。

這群無辜的孩子在狹窄街區被悶熱濕氣籠罩的小房間裡，無視手指被刺的痛楚，專心一意地為倫敦或紐約的時尚品牌製作美麗的刺繡。今年六歲、年紀最小的鬧沙德抱怨德里的苛刻，因為每當他想念或提起父母親時，就會招來雇主的責備。他家或西塔馬爾希都不繁榮，那裡沒人在乎兒童的教育或健康，他的父母既沒上過學也沒工作。我們和這些孩子聊了很久，問到他們來自哪個國家時，他們的回答是比哈爾邦某某縣的某某村——他們沒有「印度」的概念。

比哈爾邦是國內最大的兒童販賣中心。很少有孩子從孟買、德里或更遠的坦米爾納度邦被賣入比哈爾邦；但每年都有來自比哈爾邦薩哈爾薩、達爾邦格阿（Darbhanga）、西塔馬爾希、錫萬、馬杜巴尼（Madhubani）、馬德普拉（Madhepura）等縣的兒童被賣到印度各角落，進入不同行業當童工。買一個來自比哈爾或賈坎德邦的年輕女孩來當童工或童妓，比買一隻牛還便宜。雖然官方統計數字顯示比哈爾邦有五十五萬名童工，非政府組織的數據卻是兩百五十萬名。此邦的兩千五百萬個兒童，有七成一出生就營養不良。根據全國抽樣調查的官方數據顯示，超過半數（約一千萬名）的學齡兒童無法上學，其中四成是註冊了但沒出席或輟學。聯合國兒童基金會的報告更顯示百分之五十一的女孩未曾註冊入學。

比哈爾邦為兒童健康和教育投資的經費居各邦之末。二〇〇五至二〇〇六年的全國家庭健康調查顯示，百分之六十八點三的比哈爾邦女性患有貧血症。六至三十五個月大的兒童中，百分之六十七點六患有貧血症。孕婦到醫院生產的比例只有三成。嬰兒死亡率為千分之六十二。十二至二十三個月大的兒童中，只有百分之三十二點八接種了完整的疫苗。好消息是比哈爾邦的首席部長（Chief Minister）和副首席部長非常重視這些數據，現任政府正積極努力解決兩項多年來延宕未決的問題——消滅童工和任命足額的教師。

除了教育資源不足和營養不良的問題外，比哈爾邦也面臨童工、雛妓、街童、兒童販運、少年觀護所和公營兒童之家的環境惡劣等嚴峻挑戰。我們必須立即對這些問題採取行動，否則即使比哈爾邦擁有豐富的自然資源，或是有如佛祖和賈雅普拉卡什·納拉揚（註1）那樣的賢士，也洗刷不了它剝削與奴役兒童的污點。

社會倡議運動必須和政府政策相輔相成。政府必須為孩子推行免費、優質、有用的教育，具體事項包括分配充足預算、興建校舍、制定教材、任命並培訓足額教師，並立即提供男女分開的廁所、圖書館、飲水機、運動場、電力、課桌椅、地墊、黑板等基礎設施設備。若兒童未能按時上學，校長、地方議會、市政當局及教育部官員的責任都必須被追究。

若能提供優質教育，醫療照護品質將提升，嬰兒與母親的死亡率也會降低，孩子未來也將更容易找到好工作、有好的發展。喀拉拉邦就是很棒的例子，邦裡兒童的就學率幾近百分之百，而這件事能成就，是靠著社會、宗教機構、政黨和政府的共同努力。如果連喜馬偕爾邦和北阿坎德邦都能快速改革教育以促進發展，比哈爾邦豈有做不到的道理？政府除了推動中央和邦級的兒童發展計畫外，還必須確保盡快落實三個主要計畫：一、全民義務教育（*Sarva Shiksha Abhiiyan*）及與其配套的免費午餐；二、保障每位成年人每年至少有一百天工作機會的就業保障計畫；三、全國家庭健康計畫。儘管如此，仍有各種證據顯示，邦裡某些行政區在執行這些計畫時，還是擺脫不了貪污與造假。

比哈爾邦近期新增許多志願服務組織，其中不乏工作賣力又頗具成效的，但問題在於各組織間缺乏合作協調。若社會大眾不能提高警覺，更加積極主動點，行政體系最多也只會做到比哈爾邦的程度而已。社會組織不該一味責怪政府，將自身的責任推得一乾二淨。我們全都必須團結一致，把比哈爾邦的落後、腐敗和貧窮形象扭轉成滿懷自信與尊嚴。

（——二〇〇九年五月）

註1：Jayaprakash Narayan，1902–1979。印度獨立活動家、理論家和政治領袖，早年積極參與甘地領導的非暴力不合作運動，在七〇年代中期反對當時的總理英迪拉．甘地。

別為童工找藉口

政府宣布禁止家務童工後，引起媒體一片譁然，好似政府將自十月十日起生效的童工禁令會使數百萬名兒童隔天一大早就立刻失業，並因此流落街頭。

人們首先必須搞清楚，這分公報並不是什麼新法，不過是在已有二十年歷史的法律上，作出定期的修訂罷了。早在一九八六年，國會就通過在某些行業禁用童工，並為其他行業制定如何在特定條件下管理童工的法律。當年的童工禁止和管制法，依照衛生部門對健康的考量與建議，將地毯、比迪菸（*beedi*）、皮革、煙火製造和採礦等十三個行業列為禁用童工類別。但在（絕大多數童工工作的）農業、建築業、餐飲業和家中等，都未有禁止使用童工的規定。

由於反童工組織的持續施壓、國際勞工法規的改革及法院的干預，致使某些行業也被劃入禁用童工的類別。但又因家務童工影響的是中產階級的日常生活，所以遭到特別強烈的抵抗。值得一提的是，禁用家務童工也並非全新的概念，中央政府早在一九九九年十月十四日發布的公報中修訂了政府雇員的服務規章，據其規定，政府官員既不得雇用童工，也不得將他們當作僕人使喚。

這使得人們開始討論在他處繼續使用家務童工的合理性。若童工果真有害，為何政策獨規範政府官員而不管其他人？這也是為何我說八月二日發布的公報不過是政府遲到的政策。志願服務組織將此舉視為反童工運動的勝利，但沿此脈絡，我不得不提起阿什拉夫這無辜的孩子：若略過他的名字不談，等同是否認歷史和違背道德良知。

一九九六年九月十二日，「拯救童年運動」突襲哈米德．胡珊（Hamid Hussain）的家，救出年僅六歲、受主人虐待的家務童工阿什拉夫。胡珊時任農業部副部長，是駐德里的資深公務員。阿什拉夫被救出時已無法開口說話，他所受的苦赤裸裸地揭露了隱藏在全國家務童工背後的現實。餓昏頭的阿什拉夫，不過是從主人兒子（年紀跟他一樣大）的玻璃杯裡，偷偷舀了幾匙喝剩的牛奶，胡珊和妻子就用燒得火熱的鐵鉗燙他，使他痛得大哭直至昏了過去。該區警衛偷偷將此事告訴阿什拉夫的母親，但他們害怕胡珊的影響力，不敢去警局報案。我們在試了各種法子都無法成功營救他後，乾脆直接到時任全國人權委員會主席的蘭敢納什．米斯拉（Ranganath Mishra）的家中提起上訴，他於是在家裡召開特別法庭審理此案，並指示德里警方立即採取行動。

對「拯救童年運動」來說，此案的重點不單只是為阿什拉夫伸張正義，我們更進一步藉此要求人權委員會建議印度政府懲罰所有使用家務童傭的政府官員。委員會也嚴正回應，向政府發出明確指示，但一九九七年至一九九九年間，政府三次拒絕依照指示行動。

與此同時，民間團體又向委員會及政府揭露了幾起謀殺家庭幫傭和強暴家務女童工的案件。「拯救童年運動」為迫使政府採取行動，更組織了為期一週、繞行德里各角落的遊行，務使民眾意識到家務童工所處環境的可怕。一九九九年，中央政府終於在輿論壓力下接受這項建議。

最新的公報引出幾個值得我們細論的問題。首先，聲稱上百萬名孩子將因此突然失業而落入貧窮，不得不靠犯罪或賣淫為生的言論，實在是荒謬至極。總是批評政府未依法治行事的中產階級社會，怎麼會突然相信公務體系只須大筆一揮，就能在一夕之間變得能幹、積極而誠實？雖然這是我們的理想，但那是另一個問題了。

第二個疑點是人們突然關心起貧困兒童。自私自利的中產階級心態催生某些論點，企圖為自己的無良行為披上道德外衣。沒人願意承認，雇用無辜女孩當家庭幫傭的真正原因是她們的勞動力最為廉價。她們不敢張揚所受的暴行，也不像成年人那樣要求每晚回家。她們準備好接受污穢不堪的生活條件和剝奪休息時間的超時工作。在中產階級的世界，除了工作和炫富的壓力，婆媳關係的緊繃也常導致虐待家務童工的頻率升高。但他們卻敢大言不慚的說：我們對這些孩子就像待自己孩子一樣好。

第三個問題出在將貧窮作為合理化童工的藉口。公民社會不該用「貧窮不識字的父母讓孩子無所依歸」的說法，當成把兒童繼續困在勞動中的藉口。

支持雇用童工的人若真這麼關心社會，何不直接在家中或店裡招聘一個全職的成年勞工？國際勞工組織近期的報告指出，若國家願意投資一盧比來消除童工，未來將收穫七盧比的利潤。好好教育兒童，使他們充分發揮潛能，國家的經濟也會跟著起飛。

在巴黎，由聯合國教科文組織主辦的「全民教育」會議上，聯合國各機構一致認為要先終止童工才能實現教育目標。也就是說，在資本主義與通訊全球化的現代，若政府無法為人民提供好教育，國家也不可能脫貧。世界銀行和教科文組織的所有報告都強調這點。

別忘了在印度，小學教育已是兒童的基本權利。讓兒童在家庭、旅館、餐廳等地工作形同違法，政府有責任嚴加落實禁用童工的法律。

我們必須相信禁用家務童工不只是項政府規定，它對像印度這樣經濟正在大幅成長的國家來說非常重要。教育女童會幫助我們有效控制人口增長、防止愛滋病蔓延和弭平性別歧視。

國際社會自我期許能在二〇一五年達到為所有兒童提供免費優質教育的目標，並承諾世界各地就學兒童的男女比例能在二〇〇五年達到均等。印度是尚未能達成此目標的八十三國之一，而我們的鄰居孟加拉已早我們一步實現此目標。在聯合國兒童基金會的支持下，聯合國亦組成了女童教育倡議小組，它明確指出家務童工是推動女童受教的最大阻礙。

（二〇〇九年十月）

讓印度擺脫童工

現在連國際勞工組織也認同童工問題與社會正義息息相關，這具有幾個重要意義，說明童工：一，違反人權，妨礙兒童的發展與福祉。二，不得以為家庭、國家脫貧紓困為藉口，持續剝削兒童。三，使兒童被排除在經濟、社會、政治活動之外。四，奪走兒童受教權、平等權和自由權。五，無異於犯罪。

在印度，超過六千萬名兒童無法享有童年和未來，只能不停在農田、採石場、磚窯、工廠、血汗商店、路邊餐館、飯店及一般人家中工作。這不僅是人道危機，也背棄了憲法與人權。它既是貧窮之因也是其果，害成人失業，更是在通往社會正義、經濟正義之路上最難跨越的阻礙。

國際勞工組織的行動是項好的開始，因為以往教育、終結童工、促進發展總是被當成三個不同的目標來研究和處理。在國際場域，聯合國開發計畫署（UNDP）正在為包括消除貧窮在內的千禧年發展目標努力，期許各國都能在二〇一〇年達成。至於讓各國能在二〇一五年實現「全民教育」的六個目標，則是聯合國教科文組織的責任。而國際勞工組織負責的是確保在二〇一六年，各危險行業中不再有童工的蹤跡。許多國家的童工、教育、發展和扶貧問題也都由不同部會來掌管與處理，別說合作，可能連協調機制都沒有。因此，將消除童工和教育看成同一件事，並由此作出實際行動，是值得被歡迎的策略。

今天，全球有兩億一千五百萬名各類型的童工，七千萬個孩子從未上過學。研究指出，多數被剝奪教育機會的兒童都在當童工，其中百分之九十四來自貧窮國家，而南亞地區又佔了其中的百分之三十五，西非地區則佔了百分之四十，這兩區有這麼多童工絕非巧合。

童工除了是違反人權的犯罪，國內也一向認為童工是人道問題或窮人的無奈，但若我們說這項社會罪惡與系統性貪污相輔相成，則可能會讓很多人訝異。是的，貪污和童工的因果關係，一如童工、貧窮、文盲這三者間有如雞生蛋、蛋生雞的情況一樣。

國內有六千萬名童工，但卻有六千五百萬名成人失業。許多研究顯示，雇主每天花在每位童工的食物、衣著、工資上不會超過二十盧比，但若是成年勞動者，成本將增加至一百二十盧比（但這仍低於政府規定的基本工資）。兒童每天至少被要求工作十二小時，但成人最多只工作九或十小時。這意味著，如果將六千萬名童工換回成人，雇主每天必須從獲利中額外分一百盧比給每個勞動者。反過來說，若讓兒童代替成年人工作，雇主每天共計能節省約六十億盧比。那些錢全都是非法黑金。

你必須知道，勞動力成本佔生產成本很大一部分。對手工藝品和小型商品來說，勞動力甚至佔了總成本的三到四成。但為了符合法規，在各類文件和會計帳本中，勞動力的支出不能低於政府規定的基本工資；因此，帳面上顯示的總支出，很大一部分是透過使用童工而省下來的黑金。

國內因為童工，每月至少有一千八百億盧比或每年至少有兩兆一千六百億盧比的黑金流通，這麼大筆的錢去了哪兒？肯定有些投入了當地的政黨和選戰，有些則用來賄賂政府官員。

嚴格執行法律是終止童工的必要條件。即使到了今天，我們仍無法禁止在農業等類似行業使用童工的情況。即便是法律明令禁止的危險行業，亦缺乏適當的執法。我國沒有兒童福利法，而在禁止童工的法律裡，也沒有能向無能、失職、冷漠和與罪犯共謀的執法者問責的條文。我們應要求政府在完善考量後，同步落實全民教育和禁用童工這兩部法律，並為獲救兒童的復原與教育採取有效的措施。

話雖這麼說，我們也不該將所有責任全推給政府，自己獨坐在一旁納涼。若想為我國抹去童工的污點，社會大眾也得主動起身抗議，更必須自我承諾：若在某個餐廳看見童工，你不會在那裡喝茶；若朋友家有童工，在那裡連水都別喝。

我們能為偉大的習俗、文化、歷史感到自豪，是因為在殖民者入侵之前，我國的每個兒童不分男女都曾受到最好的教育，這也是為何印度以前能被稱為「世界之師」（*Jagadguru*）的原因。即使到了今日，為我們在國際上復興過往榮耀的不是政治人物，仍是那些在電腦、軟體工程、生物科技、醫藥和管理領域展現才能的年輕男女。若國內的孩子能從勞動和被剝削的狀態解脫，並接受優質的教育，我們不消幾年就能成為世界強權。

（二〇〇九年十一月）

將問責帶入運動

我還記得年輕時和志同道合的朋友一起投入社會運動的日子：我們這代人曾經多麼熱血澎湃啊！一觀察到不公義與壓迫，就期望為整個體制做出根本性的改革。我們夢想在印度建立一個可以反映甘地、洛希亞（註1）、賈雅普拉卡什·納拉揚（註2）、錢德拉·謝卡爾（註3）、巴格特·辛格（註4）和蘇巴斯·錢德拉·鮑斯（註5）等人心中理想的社會。那時，一個人心中若非充滿了理想主義，不可能會投入社會工作。

制定一種與當時印度政治（以「追逐權力與財富」為特徵）完全不同調的公共政策成為我們的核心理念。我們沒聽過職涯發展、資金、資源、計畫、非政府組織、贊助商等詞彙，並不是因為我們不會念書，我和許多朋友的成績都足以考上工程學院，但我們對社會的關注卻越發廣泛而深刻。我很訝異一個世代後，整個社會的品格就起了巨大變化。今日總理候選人的能力和立場，一旦與過去那些為了理想奮而競選各邦首長的政治領袖相比，立刻相形見絀。今天你想找到具有戈芬德．巴拉布．彭特（註6）、昌德拉．班努．古普塔（註7）、M．G．拉瑪昌德蘭（註8）、德瓦卡．帕沙．密許拉（註9）和卡普利．塔庫爾（註10）等特質和領導力的領袖，翻遍全國都找不到半個。媒體或社會倡議人士的聲望也差不多如此。

我並非甘地主義者，但甘地的個性和表達風格中所帶有的道德啟發和動能，長久以來一直激勵著社會革命家。甘地讓我印象最深刻之處是他能將靈性和宗教的理想轉化為運動的武器，以強調非暴力（*Ahimsa*）和堅持真理（*Satyagraha*）的力量鑄成他煽動人心的獨特風格。能敏銳感知兒童的需求同樣是永垂不朽的重要價值，但過去未曾有人將此事視為人民運動。一些朋友加入我的行列，一起朝這方向邁出了第一步，而我們竟然成功地為最受剝削與奴役的兒童建立起倡議運動，甚至開始為全球的兒童發聲。

教導與傳授在我們的文化傳統上一直受到高度重視，但此前我們從未見過為「教育是天賦人權」走上街頭的情景。現在的我們也對消費者有了新的看法，一個人的身分不僅是一個人，也是某人的父親、兄弟或兒子，這想法帶領我們至不同境界：數百萬人開始因所購商品有剝削兒童的嫌疑而感到罪惡，他們用消費可帶來的數十億美元利潤來影響公司的成敗，從而催生了企業社會責任（Corporate Social Responsibility, CSR）這種新文化。

作為推動全球反童工和支持教育的運動，我們的基礎並非建立在富國或政府的資助上，精神架構也不僅止於專業主義至上。一九八〇年，當我們開始向抵債童工宣戰時，我們在法里達巴德（Faridabad）採石場的辦公室遭人縱火；同事頓達斯也因運動而殉難（一九八四年）。在那個年代的印度，沒人聽過非政府組織一詞，和我們一起打拚的夥伴，是受到阿許法克（註11）和比斯米爾（註12）的理想所啟發。他們無懼地挺身反抗黑社會，那些幫派罪犯不僅在哈里亞納邦掌控採石場和建築包商，也在德里和其他地方經營具影響力的建設公司和磚窯。雖然我們的同事不甚熟悉計畫方案或資金的定義，但到目前為止，他們不管是在爭取外部支持或組織內部資源時，都盡力維持運動的初衷。

那時，奴役兒童或債役勞工都還不是流行的詞彙，聯合國機構或西方世界的其他慈善組織也不在意這些問題，司法判決更不站在被奴役的孩子這邊。這問題大抵不在知識分子的關注範圍內，各國書籍中也沒有這類相關著述。

一九八〇年代初，人民再度對非國大黨（Indian National Congress）的人民黨（Janata Dal）統治感到失望，可說是理想主義的絕望時期。但反過來說，那也是許多滿腹才華的年輕男女，透過個人或集體的努力，試圖以創新方法來改革社會之時。當時，具歷史意義的各種運動，包括為農民、無地勞工、無工會工人、漁民、女性和被壓迫者而組織的運動紛紛展開。但若我們仔細分析過去的二十五年，會發現具革命性的理想主義與行動，受到科學化評估社會的影響，已急速變得商業化。

我們在一九八〇年推展運動時，由於社會普遍認知不足，奴役兒童還稱不上是一個議題。貧困兒童到農地、工廠、或在家庭中勞動都曾是常態——就像多年來女性一直遭受歧視那樣。就連受過教育的人、記者甚至律師都對童工等於剝奪兒童的童年、受教機會、尊嚴和未來這件事毫不在乎。普羅大眾既沒意識到童工所受的虐待和性剝削，也沒注意到工作對他們嬌嫩身軀的損害。於是「拯救童年運動」開始透露訊息給媒體，敲響法院大門，喚醒社福部門官員的良知，並使那些曾受剝削的孩子，學會為自己的自由作出決定和判斷。而對這些行動的回應在第二階段開始發酵，開始有有志之士與我們合作，但政府和其他監管機構則以有組織計畫的方式，堅決否認這種邪惡的存在。

直至第三階段，反對童工的聲浪變得更強大有力，而既得利益團體則漸趨暴力和滿懷報復心，這勾起國內外媒體和人權組織的好奇。雖然我們直接涉入拯救童工的行動策略充滿危險，卻為世界各地的電視媒體和報章雜誌提供了新的素材。至於清楚一般大眾、教會和政府都樂於為這類問題慷慨解囊的歐美國際組織則看到了籌募資金的全新機會，事情的發展也一如他們所料。此後不久，包括印度在內的幾個第三世界國家，便突然一窩蜂地冒出許多關注童工的非政府組織，更突然有大量人力可以用專業精準的語言來撰寫和執行所謂的「專案計畫」。

最初為了消除社會上普遍存在的剝削、不平等、不正義以拯救童年的熱情，突然搖身一變成了制度主義。一九九〇年代，人們開始用消除童工的名義，在印度各村落經營起接受外國援助和政府補助的「機構」，但他們也正是在自己家裡雇用孩童做打掃清潔等工作的人，他們的生活方式和品格都與社會改革的精神大相徑庭。我不是要一竿子打翻所有志願服務或非政府組織，印度仍有許多努力工作的社會工作者，他們將青春和精力都投注在難以抵達、危機四伏、缺乏政府關注和基本生活設施的地方。是他們的努力帶來了正面成果。

但今天，人們並不是去實踐社會倫理和人道價值，而是巧妙地拿它們當成功的墊腳石，也因此，要證實真相變得困難許多。想讓時間倒流，並逆轉我們心智使其遠離市場競爭的喧囂，無異於空洞的理想主義。那麼，究竟有什麼補救措施能讓現今參與社會工作的人群和組織保持初心呢？依我所見，相互問責是第一個必要條件。政府或法律不得用強硬手段箝制關注兒童權利、發展、環境、人權或社會正義的組織，那種違憲行為只對早已深陷貪腐泥沼的政府部門有利。但各組織仍必須對他們欲協助之人及其捐助者負責。

問責制首要之務在於財務和管理的透明化，二是讓受影響的人群參與決策，三是強化他們的能力，四是分權管理，最後則是權利的轉移。如果基層工作人員能達到這些標準，或甚至是將其化為志願組織的工作文化，那我們將能避免倫理價值的快速崩壞。我們希望社會大眾、媒體和其他攸關利益者都能有此意識並負起責任，但與此相反的情況仍所在多有。

現在看來，社會各界似乎有避免或否定問責制的傾向。畢竟，是誰該對誰負責？那些領公家薪水，靠小老百姓的血汗錢而活，應該確實立法與執法的議員或公務人員該對誰負責？而報章雜紙、志願組織、甚至法院又該對誰負責？負責到什麼程度？不管怎樣，企業和市場似乎不須對除了自己外的任何人負責。是時候展開新一波「堅持真理」的抗議了，民眾將在問責運動中仔細評估各方責任後做出決策。除非我們讓該承擔之人為其所為負責，政府或非政府組織不會改變行事作風，法律規範也將成為徒具形式的空殼。

讓我舉個例子說明。「拯救童年運動」始終堅持主張，曾受奴役和剝削的兒童應成為同類人的救援者和領導者。我們在十多年前救出兩名抵債童工，協助他們康復並給予培訓，現在這兩位年輕人進入組織擔任文書和會計。同樣地，在當抵債工時被救出的翁・帕卡許，也在「拯救童年運動」於拉賈斯坦邦設立的力量之家（前童工康復之家）中，獲得培力和發展的機會。在力量之家學習期間，他利用課餘時間為自己村裡的五百多名兒童完成了出生登記，並帶頭抗議學校在小學教育免費的情況下依舊非法向家長和學生索賄。這位年僅十五歲的孩子最後因此獲得一項世界殊榮。

荷蘭組織「兒童權利」（Kids Right）決定將國際兒童和平獎頒給他。根據該機構發表的聲明，獲獎孩子將受頒紀念品，該組織也會在之後決定將價值四百五十萬盧比的獎金，頒給某個致力於兒童權利的組織。但拉賈斯坦邦著名報社裡某個過度熱心的記者，並未努力去了解這項具重要實驗精神獎項的聲譽及嚴肅性，就將它渲染成某種「故事」。她去到孩子的村莊，當著其他村民的面問孩子父親：「你從四百五十萬盧比當中分到多少？還是全被非政府組織給私吞了？」這個單純的父親無法看清記者試圖煽動的伎倆，只說自己一毛錢都沒拿到，卻沒想到故事梗概早已擬好：「孩子的獎金憑空消失？」便令人悲傷的是，因獎金預定隔年才頒發，「兒童權利」組織早在故事刊出前就已清楚表明獎金不會頒給翁・

帕卡許、力量之家或拯救童年運動，但這份報紙，只為展現自己比其他報社高人一等的本事，便棄新聞原則於不顧，將仁義道德踩在腳下，用誇大誤導的語言寫出不實報導。該是我們回頭省思印度從何崛起，並重拾當時的理想價值的時候。

（——二〇一二年七月）

註1：Ram Manohar Lohia，1910–1967。印度獨立活動家，社會主義政治領導人。

註2：Jayaprakash Narayan，1902–1979。印度獨立活動家、理論家和政治領袖，在二十世紀七〇年代中期反對總理英迪拉・甘地，他稱之爲「全面革命」。

註3：Chandra Shekhar，1927–2007。曾於一九九〇年十一月至一九九一年六月間，以少數黨的身分與國大黨共組聯合政府，並擔任印度第十一任總理，執政期間遭受印度政經情勢嚴峻的考驗。卸職後仍積極從事政治活動，直至二〇〇七年去世前，高齡八十的他仍爲社會人民黨黨主席，且擔任印度下議院議員。

註4：Bhagat Singh，1907–1931。是在印度獨立運動中對抗英屬印度最有影響力的社會主義革命者之一。

註5：Subhash Chandra Bose，1897–1945。參與印度獨立運動，爲自由印度臨時政府的領導人，以及印度國民軍的最高指揮官。

註6：Govind Ballabh Pant，1887–1961。促使印度獨立的自由鬥士，亦爲一位建築師。

註7：Chandra Bhanu Gupta，1902–1980。曾任北方邦三屆首席部長。

註8：Maruthur Gopala Ramachandran，1917–1987。曾任坦米爾納度邦首席部長，亦爲有名的演員和慈善家。

註9：Pandit (Pt.) Dwarka Prasad Mishra，1901–1988。曾任中央邦首席部長，亦爲一位作家。

註10：Karpoori Thakur，1924–1988。曾任兩屆比哈爾邦首席部長。

註11：Ashfaqulla Khan，1900–1927。印度獨立運動中的自由鬥士。

註12：Ram Prasad Bismil，1897–1927。印度獨立運動中的自由鬥士，亦爲一位愛國詩人。

第三章

出售童年

「否認孩子的夢想就是最嚴重的暴力。」

1. 二〇一三年的「刑法增修條文」（The Criminal Law (Amendment) Act, 2013）首次定義兒童販運為重罪及其刑罰。
2. 被販運的孩童被迫從事非法活動，成為奴工、家務童工，或投入色情與性產業。
3. 印度勞動就業部的統計數據顯示，二〇〇八年至二〇一二年間，全印度共有四十五萬兩千六百七十九名兒童落入人口販子之手。
4. 二〇〇八年至二〇一二年間，總計兩萬五千零六起的兒童販運案件，只有三千三百九十四件被定罪。
5. 國家犯罪記錄局的報告則指出，二〇一四年三萬八千五百五十五名落入人口販子手中的兒童，只有三成被尋獲。

兒童販運和社會學

人口販運是當今世上最猖狂的非法交易之一，足可和飽吸黑金的毒品和武器販賣相比。據統計，每年約有高達一千兩百五十萬人如無生命的物品一般被交易，從事這行約能賺到價值兩兆盧比的黑金。顯然，若沒有政治家和貪腐官員的共謀，這種巨型產業不可能運作的起來，要是沒有官員們的內線知識，這些高額資金也無法順利流通。在我國，人口交易特別是兒童販運有好幾種運作方式。依照國際定義分類，有上千萬名兒童在邦境內的不同地區間被買賣，但從孟加拉和尼泊爾等鄰國購買後帶到印度的也不少。這些兒童被迫成為奴工、童傭、乞丐、童養媳、雛妓，或投入其他產業，甚至成為童兵。

兩年前，「拯救童年運動」聯合其他在印度、孟加拉和尼泊爾的相關組織一起舉辦了「南亞打擊兒童販運遊行」。從加爾各答出發，遊行沿著印度與孟加拉和尼泊爾的邊界行進，走了五千公里才到德里，途中經過許多村莊城鎮，吸引上千萬人參與這場遊行盛會。

遊行除了能提高公眾意識之外，還能向政府施壓，我有幸參與活動的組織與領導，在過程中看到許多令人震驚的事。透過遊行，我們發現各邊境地區的人口和兒童販賣都很猖獗，仲介商正從中獲取暴利。非政府組織的努力和倡議幾乎起不了什麼作用。村中窮人對惡劣的人口販運毫無防備，而那些在孩子被拐走或搶走後，只拿到微薄金錢的無助家長們則因害怕被捲入法律紛爭，提不起勇氣向警察報案。那些極少數敢挺身而出的，最後只為自己帶來更多麻煩。

將近一個月的遊行中，有來自孟加拉、尼泊爾、印度的孩子們與我們一起行走。他們有時會聊天，交換彼此的悲慘故事。某天晚上，來自三個國家的三個孩子又在閒聊，出身於印度賈坎德邦的女孩對其他人說：「一開始有人花兩千盧比買我當家庭傭人，往後我又被不同的仲介轉賣了幾次。這種事也發生在你身上嗎？」出身尼泊爾的孩子脫口回應：「姐姐，這證明你是貴的，我的仲介只花五百元就買下我了！」孟加拉女孩接口說：「那我也算貴的嘍，因為我的售價是兩千五百塔卡（註1）。」最後，這群孩子意識到連水牛都比他們強，因為一隻水牛的市價為兩萬五千盧比。他們的閒聊無異於給了自詡為文明的社會一記重擊。當你從小孩嘴裡聽到一頭水牛的價格高出她二十倍時，所有那些關於發展、進步、人權、憲政、法律、宗教、文化的討論都顯得空洞無意義。

美國國務院去年出刊的年度人口販運報告〔Trafficking in Persons（TIP）report〕指出，全世界最大的民主國印度，是人口販運最嚴重的國家。它進一步點出，儘管債役勞工的問題仍嚴重，政府卻未能嚴懲那些剝削奴工的人。此報告的重要性在於，首次將兒童販運問題以奴役兒童之名帶到國際視野。印度防止人口與兒童販運的法律並未禁止童奴，人口販運的定義中也不包含童奴，但印度各邦間走私兒童的真正目的即是為了強迫或抵債勞動。在這個經濟繁榮發展的時代，世上排名第三大宗的「生意」便是把人類當成動物或無生命的物品來交易。國際上每年被買賣交易的人口高達八十萬，國境內的人口交易數量則更為龐大。

令人遺憾的是，國內並未立法制止或懲罰包含兒童在內的人口走私，社會大眾對此弊病也缺乏警覺，孩童父母和左鄰右舍的不謹慎則使情況更加惡化。儘管兒童才是受害者，警察等公部門卻待他們有如罪犯一般，既沒照顧孩子的情感、社交和經濟需求，也沒送他們回家與協助他們復健。我們必須立即回應這些情況，包括嚴令禁止以強迫勞動為目的的兒童販賣，嚴懲仲介、雇主等涉案人士。在兒童走私猖獗的地區，也需查明政府官員應負的責任。

有五個原因使這種駭人交易在印度蓬勃發展：一，沒有處理問題的政治決心。二，社會意識和關注程度太低。三，複雜、官僚又昂貴的法律制度。四，罪犯與政治領導人和警察的勾結。五，普羅大眾低落的誠信和道德感。走私兒童、強迫勞動或債役勞工仍未成為政治問題，很少有相關的公開辯論。選舉集會中，候選人很少談這些問題，他們不僅不理解，也不覺得有必要去理解。除了印度的法律並不完善，人們也無視現行法律，不管是現任政府或反對派領導人都一樣，沒人採取行動去懲罰違法者及其共謀。在兒童販運經常發生的地區，政府應推廣加強成人教育、社會意識和經濟發展的特別方案，但他們什麼也沒做。

人們普遍不關心社會，多數人仍不認為女孩可和男孩相提並論。沒人想生女兒，當然也沒人在乎她們的成長、健康和教育，好像她們只是被生來做家事、工作或賣淫。一般而言，我們社會並不重視兒童權利。國內好幾個地區仍舊實行童婚，如安得拉邦和卡納塔克邦等地的棉花種植者仍有著讓未婚女孩耕田就會有好收成的錯誤觀念，導致上千名鄰近地區的女孩被帶去種棉花。至於將青少女和寡婦獻給寺廟敬神的德瓦達斯（*devadasi*）傳統仍流傳至今，但他們實際上卻是被迫從事性交易。為人女傭的則多是兒童販運的受害者，由於印度中產階級的快速增長，對女童傭的需求也跟著水漲船高。

為了孩子的未來，中產階級可以說謊背信或容忍貪腐。他們心甘情願花大錢送孩子進收費昂貴的英語學校就讀，卻不會為雇用窮人小孩當家庭幫傭來節省開銷一事感到羞愧。光市場對廉價和「不會惹麻煩」的童工需求，已為各大城市的非法行業培養出新的商機。光德里就有兩千兩百多家所謂的仲介公司，靠著走私人口賺取暴利。渴望有分好工作的女人小孩先被帶至德里，再依市場需求強迫他們去當幫傭或妓女，受盡各種煎熬。這項事業就發生在我們身旁，卻因社會的無知與無恥繼續如日中天的發展。

如上所述，印度既沒有規範走私兒童的專法，就連落實現有的法律都有問題。涉入買賣兒童或使用童工的雇主從未因犯法而被判刑入獄，孩子們的家人也不可能變賣土地田產，持續冒著各種風險，只為了千里迢迢跋涉到訴訟登記處等待出庭。

政治領導人、罪犯和警察都涉嫌參與印度與鄰國的人口販運。這幾天，國內爆發令人震驚的醜聞。包括國會議員在內的政治菁英和各領域名人，都因涉嫌用假證件送人出國（*kabootarbazi*）而被捕。當我們突襲德里幾家仲介公司營救兒童與婦女時更駭然發現，公司經營者在牆上展示著與國會議員、部會及各邦首長和警察的裱框合照。不可思議的是，這些所謂的仲介公司實際上是沒註冊就非法營業的人口販賣商。

印度社會認為兒童是神明在人間的化身。女性以辯才天女（註2）、吉祥天女（註3）和難近母（註4）的形象被敬拜，這幾位女神分別象徵知識、財富和力量。兒童也被尊稱寶格帕拉（*bal-gopala*），是黑天神克里須納的另一個尊稱。人們相信在九夜節（Navratri）期間敬拜年輕女孩、供奉她們食物將能得到救贖，但即使如此，報紙上強暴女孩的新聞仍層出不窮。每天上百萬的火車和公車乘客，不在乎旁邊坐的可能是正在走私兒童的仲介；我們也在家中、商店或工廠目睹了許多無辜的受害兒童，卻仍裝得若無其事。由此可說，我們的偽善心態才是使走私兒童問題氾濫的真兇。

要消除此社會弊病，我們必須採取強硬手段。重點包括：制定新法並認真執法；關注並打擊兒童走私；不拖延懲處罪犯的司法程序；為獲救兒童的教育和復健制定特別方案；為兒童提供高品質的免費教育；在人口販運熱區提供更多就業機會以促進經濟發展。

（——二〇〇九年八月）

註1：taka。孟加拉幣，一塔卡約等於零點八盧比。
註2：Saraswati。印度女神名，辯才天女，又名薩拉斯瓦蒂，象徵知識。
註3：Lakshmi。印度女神名，吉祥天女，又名拉可胥米，象徵財富。
註4：Durga。印度女神名，難近母，又名杜爾迦，象徵力量。

失蹤兒童的困境

印度的失蹤兒童案件越來越多，今天，平均每六分鐘就有一個孩子失蹤。據政府統計，失蹤兒童的數量在二〇〇九年為六萬八千兩百二十七名，二〇一〇年為七萬七千一百三十三名，二〇一一年為九萬零六百五十四名，其中約有四成無法尋回。諷刺的是，國內從未立法懲戒這令人髮指的罪行，國會也從不辯論或關注此事。偶有議員以書面方式提出疑問，政府部會的祕書處也已備好制式答案，無限重複敷衍的回應。

或許你還記得幾年前發生的那樁駭人聽聞的失蹤孩童案件。某天在德里郊區諾伊達的尼塔里區（Nithari），政府的清潔工從排水溝裡發現某些疑似是孩童屍塊的東西，嚇壞全村居民。此前，每當失蹤兒童的父母向附近警局嚎啕哭訴著報案時，他們只能在受盡侮辱後失望地返回。如今揭示的真相卻是，披著人皮的野獸會為了吃肉喝血而將孩子分屍。但這種殘暴行為卻不會使我們的政府良心不安，也無法使社會持續保有對失蹤兒童問題的憤怒與顧慮，這難道不可恥嗎？

毫無孩子的音訊是讓失蹤兒童的父母和家人最難以承受的事。文明社會不該容忍這種罪行發生。多數失蹤兒童屬於社會中較貧困弱勢的族群，他們從偏遠鄉鎮到城市找工作，或許流離失所，或許住在貧民窟，但只因他們不識有力人物，沒有重要來頭，他們的聲音就被警察、媒體，甚至是自己的鄰居給忽視。他們的父母則通常沒受過教育且天性怯懦，出於無知，在孩子失蹤後，他們通常不是立刻向警察報案，反而是自己耗上數小時至數天，不顧一切地瘋狂尋找孩子。若警察和社會大眾都有足夠的警覺心，就能遏止兒童綁架案和許多類似犯罪。

但我們都很清楚法院的判決是如何被漠視，政府的監督機構又是如何蔑視國家法律。若是那些靠著綁架和販賣兒童的商人與幫派奉上的黑錢而縱情享樂的警察會自願遵守法院判決，太陽就要打西邊出來了。必須有人願意挺身而出敦促人民遵守，法院裁決才能發揮效用。雖然我們需要社會有防範兒童失蹤案件發生的意識，但警覺性高、積極向政府問責的公民社會同樣重要。若我們想打破失蹤人口、兒童販運、抵債奴工、強迫乞討等惡性循環，我們必須聯合起來向這些罪行宣戰。

若想防制加諸於兒童的犯罪，首先必須能夠正確識別每個孩子。我們應強制要求各級地方自治系統、市府和相關機構登記每個孩子的出生。就像政府發給成人阿德哈爾卡（註1）一樣，每個孩子也該領有通過認證的身分卡。政府應設立專法，規範雇用無卡兒童的工廠、商店、企業、家庭、學校、兒童之家等，並列明相應的刑事訴訟程序。若我們在街上或其他公共場所發現沒有身分卡的兒童，必須追究當區官員和警察的責任。若我們不能確知失蹤兒童的身分、背景和下落，要如何保障他們的安全？這些資訊將幫助我們確定被綁架的是哪些兒童，他們有沒有去上學？是不是童工？有沒有營養不良？受什麼疾病折磨？更重要的，我們該怎麼解決他們的問題？這些資訊也有助於我們確認政府是否確實根據兒童福利預算撥款。

那個衣不蔽體又餓著肚子，在十字路口的紅燈亮起時收到你救濟物資的孩子，可能是國內某處某位母親等待多年的孩子。你在親朋好友家中大快朵頤的美食，可能是由一位未成年的女傭所煮，而她悲痛至極的雙親，可能正在奧里薩邦、賈坎德邦或阿薩姆邦四處尋找女兒。我們必須藉抵制所有和童工相關的人事物來履行我們的社會責任，這將對防止綁架、販賣、和強迫兒童當廉價勞工大有助益。

（——二〇一三年六月）

註1：Aadhaar card。印度政府爲人民建立的身分認證系統，其中廣泛應用了個人的生物辨識資訊。

法律能打破販運兒童和剝削兒童之間的連結

德里一起性虐待六歲女童的事件使全國蒙羞。媒體和非政府組織的抗議使性侵兒童問題持續延燒了數週。但性侵等剝削女孩的事件並非是在一夕之間惡化，或是在本月達到高峰後就會突然絕跡。電視等傳媒很快會去忙著追逐其他更駭人聽聞的事件，而孩子們的尖叫哭喊聲又將漸漸被各種喧囂所掩蓋。

性侵兒童案件不斷增加的情況已經很糟，但其他性犯罪也不遑多讓。幾年前，在中央政府和聯合國兒童基金會聯合發表的受虐兒研究中顯示，百分之五十三的印度兒童曾遭受某種形式的性剝削。多數兒童受到來自熟人或照顧者（包括親人、鄰居、老師等）的虐待，這結果令人震驚。

對女童的惡行突顯了社會各界的疏於防範、警察和政府辦案的無能與政治的腐敗。光看父母報案後等了六小時都還沒做筆錄（註1），就知道偵查行動有多緩慢。警方能找到這孩子靠的是運氣，而不是努力。當他們提議用錢讓孩童的父親閉嘴不談此事時，則已超越我們所能容忍的極限。更扯的是，新舊黨派的領導人無不把握機會，帶上各種大型布條、旗幟、帽子等政治宣傳品蜂擁至醫院慰問。

我們不只關心德里的女童，更關心最容易遭到性虐待、性侵、勞力抵債、強迫乞討、販賣器官等折磨的失蹤兒童。他們在被綁架後吃盡各種苦頭。國內平均每小時就有十一名孩童失蹤，不只他們本人和家屬受害，公民社會亦因此蒙羞。

「拯救童年運動」根據知情權法收集國內各行政區的資訊，發現每年約有十二萬名兒童失蹤。他們多半來自貧困弱勢族群，住在貧民窟，或是居無定所。他們不識高官權貴，媒體也不在乎他們的意見。缺乏相關知識，他們一直以來都靠自己尋人，而不是先到警局報案。

最高法院針對「拯救童年運動」提交的請願書所作出的重要判決，指示邦政府和中央政府將失蹤人口案件視為潛在犯罪，也因此，提交筆錄成為必要條件，這給失蹤兒童的父母帶來了希望的曙光。因為眾所皆知，當前國內尚無專法處理失蹤兒童案件，現行法律只適用於綁架案，並規定申訴人必須至少指認一位嫌疑犯，案件才得以成立。但在孩子被陌生人綁架，家長無法指控特定人士的情況下，警察就不會幫他們做筆錄。因此，在政府的統計數據中，二〇〇八年至二〇一〇年間雖有十一萬七千起失蹤兒童案件，筆錄卻只有一萬六千分。法院現在下令警方必須為二〇〇九年後的每件失蹤兒童案都補上筆錄，並於一個月內重啟調查。警方則必須改由綁架和販賣兒童的角度來看待失蹤兒童案件，並補上二〇〇九至二〇一一年間七萬五千八百零八件失蹤兒童案的筆錄。

像我這樣的社會運動者一再呼籲，政府應該把失蹤兒童問題看成有計畫的組織犯罪。兒童不像雨傘、錢包、鞋子或手機，不是會被遺忘在某處的無生命物品。每個孩子在失蹤當晚都需要有地方睡覺且吃喝俱足，否則他們的哭鬧將引起旁人懷疑。如果孩子已失蹤了幾天、幾月甚至好幾年，那麼某處必然有供他存活的食物和水。事實上，所有失蹤兒童都是兒童販運的受害者，狡猾的犯罪集團從特定區域竊取孩子，再把他們轉賣給其他罪犯，或是運給百里之外的同夥，過程中不乏以毆打、藥物、麻醉注射等方式控制孩子，好順利將他們賣給不同產業。孩子們被迫成為雛妓、抵債工、奴隸、童養媳，或被刻意弄殘後送上街乞討，有的則甚至被迫出售身體器官。

幾天前「拯救童年運動」救出的十一歲男孩桑托許（化名），告訴我們他已被人轉賣數次，最近幾年他被迫在農地工作抵債。另一名獲救的孩子則是被迫在旁遮普邦的馬戲團工作。幾年前，南德里有兩名女學生在放學回家的路上失蹤，如今她們獲救的地點是拉賈斯坦邦阿爾瓦爾某村莊的妓院。而有些被迫在德里街頭乞討的孩子，則是黑道幫派從焦特布爾的村莊綁架而來。

由此可見，我國最高法院的判決是個重要的里程碑。每個警察局現在必須任命至少一位訓練有素的警官為少年福利官，主責調查與兒童有關的犯罪。此外，國家法律服務局（National Legal Services Autuority）也將委派法務志工至各警局，監督警方是否妥善處理包括失蹤兒童在內的申訴與刑案。中央政府除了協尋失蹤兒童及服務已返家的兒童外，還必須為與失蹤兒童、童工、販運、綁架和剝削兒童有關的法律設立標準作業程序。法院也指示政府應建立能讓兒童福利委員會、少年司法委員會、特警部、警察局等各級重要兒童保護單位同步連線的中央數據庫以便於統整資料。

最高法院的裁決和另兩部法律相輔相成，其一是二〇一三年通過的「刑法增修條文」，其二是二〇一二年通過的兒童性侵害犯罪防治法（Protection of Children from Sexual Offence Act, POCSO）。社福組織的努力對這些法規的通過功不可沒。印度在今年四月生效的法律中首次定義人口販運。如印度刑法（Indian Penal Code, IPC）第三〇七條，列舉並解釋各種人口販運的定義，包括以誘拐、欺騙或綁架手段，將兒童或成人帶離甲地，或將從甲地轉移至乙地皆為犯罪。第三〇七條（A）節中則有單獨處罰的規定，表示若警察依最高法院指示，調查或偵辦失蹤兒童案件時，每個涉案的人都可能受罰。二〇一二年十一月通過的兒童性侵害犯罪防治法則詳細解釋何為對未成年兒童的性犯罪，並為不同類型的性剝削制定相應的罰則。若犯案的是兒童福利從業人員，懲罰將加重。現今的法律和司法程序已達到友善兒童、維護其安全與尊嚴的標準。

有了法律保障後，政府仍須採取若干有力措施以制止針對兒童的犯罪，並防止兒童失蹤。首要之務在於培養家長和孩童的警覺心，加強鄰里間的社交聯繫，以便彼此相互照看並提防陌生人潛入。特別需要為學校、宗教場所、醫院、車站的工作人員建立警覺意識。父母、老師和具社會責任感的民眾則必須努力和孩子（尤其是女孩）從小培養並維持相互尊重的關係。

第二，建立一個涵蓋全國失蹤兒童的中央資料庫，並與各邦連線。其中必須包括在農田、工廠、礦坑等工作，住在路邊、少年之家、矯治機構、孤兒院、康復中心、精神病院、或政府û非政府組織經營的兒童之家等處的兒童。此刻，我們不知道來自某邦的某女孩正在國內的哪裡受苦，也不知道她是在當抵債工、乞丐、奴隸或雛妓？所以必須有一個能集中核對國內所有兒童資訊的資料庫。

第三，提供資源給警局和調查機構，舉辦宣導講座與培訓，並督促他們履行職責。關鍵在於向警察問責，若警局的管轄範圍內有兒童失蹤，應不厭其煩地起訴負責警員。為了達成這些，我們必須喚醒民眾對問題的關注，並激起政府力圖改革的決心，才可能順利推動。

（——二〇一四年七月）

註1，First Information Report（FIR）。印度警方在接獲犯罪案件舉報後的初步蒐證文件，是立案偵查的第一步。

擊潰阿薩姆邦的兒童販運網絡

經濟成長可觀的世上最大民主國印度，有著豐饒的文明、文化和宗教傳統，但這裡走私與奴役兒童的數量卻同時居於世界之冠。本就受惡劣環境所苦的貧困弱勢兒童，更因被迫從事廉價勞動而備受剝削。

這幾年印度東北部逐漸成為兒童販運的熱區，尤其是阿薩姆邦，既是來源地、轉運站也是目的地。頻繁發生的自然災害、極端主義者日漸增加的叛亂、赤貧、無知、執法不力和險峻的地理環境等因素都使阿薩姆邦成為兒童人口販子的溫床。走私兒童已成為全球現象，是世上僅次於小型槍械和毒品，利潤第三高的非法貿易。

我曾在首都遇過許多被迫為奴的阿薩姆女孩。這樣的女孩經常被迫在印度與鄰國城市的許多家庭中當家務童工。

為了向各大城市提供家務幫傭，西孟加拉邦、阿薩姆邦和梅加拉亞邦的不法商人設立了仲介機構，並和東北地區的在地掮客維持緊密聯繫。我們已確認有三十六個仲介機構是以德里為轉運站，將阿薩姆邦的兒童（主要是女童）走私至哈里亞納邦、旁遮普邦和其他大城。每帶進一個女孩，掮客可向仲介商拿到約四、五千盧比，但仲介商向雇用女童家庭索取的費用卻介於兩萬五至三萬盧比之間。雖然掮客承諾女孩和其雙親，每月會有三至六千盧比的薪水，但多數時候，薪水要不是少得可憐，就是根本沒有。雇主還常在關起門後虐待或性侵女孩。

從此區被走私出來的女孩也被迫在全國各地賣淫。皮條客可依據女孩的年齡和童貞，賺取五至二十萬不等的收入。另一方面，許多兒童則從國內其他區域被轉賣至阿薩姆邦的茶園、磚窯和礦區工作。

自二〇一二年十二月起，「拯救童年運動」在阿薩姆邦開展打擊童工與兒童販運的活動後，我們持續收到來自傷害倖存者及其父母的通報，其中包括強迫勞動、奴役、性侵甚至輪暴等令人心碎的案件。

我們進一步觀察到，鼓起勇氣走出陰影，分享自己受剝削與排斥故事的受害者越來越多，蘇尼塔（化名）就是其中之一。她和其他六名同樣來自阿薩姆邦拉金普縣（Lakhimpur）圖尼詹村（Tunnijaan）的女孩，受掮客假意承諾的美好未來所惑，被騙至德里後才驚恐的發現自己被轉賣給了仲介商。蘇尼塔被送至西德里的帕斯欽比哈爾（Paschim Vihar）當家庭幫傭。某天當她拒絕工作，仲介老闆就強暴她。

老闆威脅，若她說溜此事，就要再把她轉賣出去，還好她最後找到機會脫身、成功返家。工作兩年來，她一毛錢都沒領到，更慘的是還因此懷孕，她活在人間煉獄裡。

阿薩姆邦拉金普縣路坎普爾村（Lookampur）的故事如出一轍。普南（化名）相信了掮客會發還積欠兩年的工資，並介紹她高薪工作的虛幻承諾，一路跟著他來到德里。

但在德里她卻被夏苦爾普爾區（Shakurpur）的三名青年輪暴。儘管卡亞拉（Khayala）警局為她做了筆錄，截至目前為止卻仍未啟動任何調查程序，她仍在等待正義降臨。

幾個月前，我參與搶救十六名在德里各處當抵債奴工的阿薩姆少女，並處理送她們返鄉的事宜。她們是被曼格瑪蘭迪和藍吉特，這兩位阿薩姆邦的在地掮客賣給位於德里夏苦爾普爾區的兩家仲介商——普佳家庭幫傭服務和班西家庭服務。

心焦的父母們從阿薩姆邦的偏遠村莊科克拉賈爾（Kokrajhar）長途跋涉至德里，「拯救童年運動」根據他們的投訴與當局和警察合作，透過多次突襲行動成功救出女孩。這一切並不容易。獲救女孩被送至我們的短期康復中心—自由之家休養幾週，同時等待遣返的行政流程。她們有著相似的悲慘經歷，一週工作七天，每天工作十六、七小時，卻從未領過工資，還得承受言語辱罵和身體虐待。吉塔（化名）的故事更慘，即使獲救她仍猶豫該不該回家，當女性工作人員試圖了解原因時，才發現她經常被強暴並因此懷孕，已憂鬱到有了輕生的念頭。

數千名來自東北部的未成年男女，不只被迫從事家務勞動，有的還被困在刺繡業和坦米爾納度邦及卡納塔克邦的服飾製造業。許多受好工作話術誘惑的少女被騙去賣淫，或被騙至哈里亞納邦、旁遮普邦、喜馬偕爾邦等地，以兒童新娘的身分出售。

走私兒童與強迫勞動的問題仍然嚴重。估計有七萬名來自尼泊爾和孟加拉的童工，被迫在梅加拉亞邦的詹塔山（Jaintia Hills）、阿薩姆邦的雷多（Ledo）、馬庫姆（Makum）、馬爾蓋里塔（Margherita）、和米吉爾丘陵（Mikir Hills）的煤礦坑為奴。至於在東北地區的磚窯和茶園工作的孩子，許多都是從賈坎德邦、比哈爾邦，甚至是孟加拉走私進來的。載滿煤炭的卡車跨越國境至孟加拉，回程時則載著被騙、被買、被綁架的孩子進印度。孟加拉和尼泊爾的兒童也以阿薩姆邦為轉運站，被帶至印度國內各個角落。

侵犯基本人權的販運和奴役人口（特別當受害者是兒童時）證明了我們引以自豪的宗教、文化、文明的全面失敗。它使我們的憲法制度蒙羞，從而延續了發展的災難。

販運和奴役人口也彰顯了體制的歧視與不公，證明了政治的貪腐和社會的冷漠。只靠單一方法不可能解決此問題，必須綜合考量犯罪、發展、人權、社會弊端等面向來設計策略。若想促進穩定的經濟成長和社會整體發展，落實全民教育、確保成人有安全合理的工作環境、徹底消除童工，這三者缺一不可。

依我所見，若想有系統的擊潰阿薩姆和其他東北各邦的人口販運網絡，必須審慎調查並嚴懲相關涉案人士。為此類案件建立速審法庭（註1）並啟動簡易審判應十分有效。媒體、公民社會、政府和包括村評議會和村莊防衛組（village defense parties, VDPs）在內的村自治機構應攜手合作在走私兒童盛行的地區教育並培力當地社群。

此外，政府也必須徹查童工的身分、目前身處之處，努力營救他們並助其恢復，確保阿薩姆邦有高品質的免費教育，促進失學兒童早日復學，並在入學後吸引他們持續留校學習。失學兒童的康復計畫應由中央政府撥款補助。

政府也必須在前往東北各邦的主要鐵路樞紐成立打擊人口販運的特別小組。阿薩姆邦的跨部門協調也亟須達到一定水平。中央調查局和其他政府機構應優先處理阿薩姆邦的人口走私案件，懷著緊迫感追查失蹤兒童。

雖然最近德里的公車輪暴事件引發全國各地前所未有的憤怒，但德里居民卻仍未曾聽聞或在乎無助的阿薩姆少女所持續遭受的暴行。更有甚者，儘管有人通報類似事件，警察仍置若罔聞。我們正準備盡快在阿薩姆高等法院提起公眾權益訴訟。

我請求阿薩姆邦政府盡速成立速審法庭，並確保能公正有效率的審理所有源自此邦的販運兒童案件。我也強烈呼籲各邦及中央政府，為販運兒童和各種性虐待（特別是虐待女童）案件設立速審法庭。

（二〇一三年二月）

註1：fast track court。二〇〇〇年開始實行的制度，其目的是清除漫長未決和其他較低級的司法案件，以加速司法案件的處理效率。

杜絕災難時期的兒童販運

全國保護兒童權利委員會（National Commission for Protection of Child Rights）揭示北阿坎德邦有一千兩百二十七名兒童因水患失蹤，暗指邦政府必須負責。其中許多兒童可能已不幸喪生，但也可能是因被綁架、誘拐或脅迫而淪成為人口販運的受害者。不論如何，這些統計數字備受爭議，因為引用數據的各部門都在推卸責任。政府甚至聲明，若找不到這些兒童的相關資訊，將直接宣判他們死亡。我們認為此舉非常諷刺。

北阿坎德邦水患的起因和結果影響諸多層面。生命和財產的損失固然立即可見，但仍不乏有其他廣泛而嚴重的影響。天災除了奪人性命，更以各種方式衝擊了數萬名兒童。僅完成收集資訊的例行公事，或是表達同情並不足以幫助他們。四千個村莊裡的教育設施遭毀損，人們失去家園和維持生計的方式，許多孩子更因此和家人走散，這些情況都使人口販子更容易趁虛而入，失蹤兒童的比例也因而大幅提高。顯然，對非法走私兒童的犯罪者者而言，受災區成了能以低價獲取兒童的重要來源。

悲劇發生後隔天，我親自聯繫了北阿坎德邦的保護兒童權利委員會，要求他們提醒行政當局、警察和所有救助單位留意人口販運的潛在危險，他們照做了。我也曾就此事寫信給北阿坎德邦邦長，要求他在救濟營地和災區現場派人值夜。但當我們的同事和媒體發言人與資深的警務和公務人員溝通時，才發現他們似乎並不理解此問題的嚴重性。不僅邦政府有此問題，甚至連中央政府都不明白該以對兒童友善的方式來處理災害管理、救助和重建，更甭想要他們以保護兒童權利的方式著手了。救助工作不該只是從人道救援和災害管理的角度切入，也必須關注兒童權利。

你們必須知道，受天災影響的兒童需要的不只是同情。少年司法法承諾照顧和保障每個未滿十八歲孩童的安全，而不只是孤兒。藉由在各地區設立兒童福利委員會，有需要的兒童應被立即送到兒童保護單位，由政府負責照料他們的生活起居、安全和教育。儘管國家在通訊科技方面有了長足進步，但防災策略似乎還停留在上個世紀。

在印尼、斯里蘭卡和印度中易受海嘯侵襲的地區，兒童販運一向蓬勃發展。二〇〇八年，在比哈爾邦影響數千個家庭的戈西河（Kosi River）水災中，就發生了數起兒童綁架案件。我曾在戈西地區進行突襲行動，從人口販子手中救出兒童。「拯救童年運動」則從海嘯汲取經驗，在受洪害的救濟營地和村莊舉辦了反對兒童販運的宣導活動，並主動提高本地與外國援助機構、警政部門、當地志工組織對此議題的認識。我們也在公車和火車站進行了三次突襲搶救行動，分別救出十二名、九名和三名兒童。但儘管有這些努力，洪水後的三、四個月內，仍有近三千名兒童被偷運出此區。直到今天，水災頻仍的戈西—撒哈爾薩（Kosi-Saharsa）、達爾邦格阿、馬德普拉、馬杜巴尼（Madhubani）、西塔馬爾希等縣，仍是兒童交易的大本營。

對兒童人口販子而言，北阿坎德邦一直以來都是出產年輕男女的重要產地。仲介把皮托拉加爾村（Pithoragarh）的少女賣給人家做媳婦，或是賣到妓院當妓女。來自邦裡如烏塔爾卡斯希（Uttarkashi）等村的許多兒童，被帶到德拉敦（Dehradun）、瑞詩凱詩（Rishikesh）、哈里德瓦（Haridwa）、哈爾德瓦尼（Haldwani）、北方邦及德里等地的家庭和餐館當童工。令人難過的是，整個北阿坎德邦只有三所兒童之家，甚至沒有任何兒童保護單位。更令人訝異的是，邦政府竟開設了八間少年司法之家，這意味著政府認為北阿坎德邦的犯罪兒童數量比起需要受到照護的兒童來得更多。幸好北阿坎德邦的兒童權利保護委員會比其他邦的更為敏銳積極。過去一年來，委員會一直為轄區內的各政府機關、警察和兒童福利委員會進行有關兒童權利的社政法律知識培訓，只可惜各地的兒童福委會因資源短缺而效力不彰，有的甚至連辦公室都沒有。

北阿坎德邦至今尚未實施中央政府的綜合兒童保護計畫（The Integrated Child Protection Scheme），由此可見邦政府毫無極限的冷漠與惰性。過去四年裡，中央政府共撥款六十億盧比給提出申請計畫的邦別，但北阿坎德邦政府卻從未向中央提出申請，而中央方面也未曾主動撥款給他們，足以見得政府的麻木不仁。幾個月前，我從其他管道得知，該邦的社會福利部與婦幼發展部正為著誰能控制綜合兒童保護計畫的龐大資金在冷戰。要是本計畫能早點在該邦正常運行，那麼洪水來襲時，兒童保護委員會、兒童福利委員會等有關部門就能立即照顧與保護受災兒童了。

我們稱發生在北阿坎德邦的悲劇為國家災難，但政府的援助卻僅止於救出從全國各地而來的朝聖者，將他們帶往救濟營地，並拍攝受災者向載滿救援物資的卡車揮舞綠旗的照片。對某些人來說，在原址重建凱達爾納特的濕婆廟（Kedarnath Temple）是國家的義務，但當務之急應該是由總理辦公室為中央各部會和北阿坎德邦邦政府建立協調機制，防止人口販子將受災兒童帶離該邦。為此，各邦的邊境警察應根據內政部命令嚴加戒備，找出有需要的孩童，將他們送至能提供安全與照護的兒童保護單位，中央政府的婦幼發展部和社會福利部也應朝此加倍努力。教育部則應和邦政府確保「受教權法」在北阿坎德邦實施時，不會輕易地被帕吉勒提河（Bhagirathi）的洪水給沖走。中央各部會應合力支持貧困家庭的生計，否則他們的孩子最容易淪為童工。至於衛生部則該協助上萬名受災兒走過水災帶來的心理創傷和衝擊。唯有如此，我們才稱得上是解決了這場國家災難。

（——二〇一三年七月）

第四章

保護童年

「受保護和培育的童年將為世界創造價值，
浪費童年則會腐蝕各種美好未來的可能。」

1. 為保護兒童免遭性剝削，印度政府於二〇一二年頒布了兒童性侵害犯罪防治法。
2. 據國家犯罪記錄局統計，二〇一四年有八千九百零四起針對兒童的性犯罪案件。
3. 有八千九百九十名兒童受到性虐待。
4. 但只有百分之一的性犯罪者被判刑。
5. 據國家犯罪記錄局統計，二〇一四年有一萬四千五百三十五名女孩被強暴。

徵求可以保護童年的法律

兒童家庭福利部（Ministry of Child and Family Welfare）最新發表的兒童性虐待報告，雖未引起媒體關注，卻再次揭示使我們羞愧的事實，足以暴露我們過分誇大自己在經濟發展、文化與文明的成就。在從不厭倦誇耀自己有保護女性之偉大傳統的印度，每一百五十五分鐘就有一名未成年女孩被強暴。報告還指出在印度，受性剝削兒童的數量居世界之冠。

五月一日，當政府在位於國會大廈的人民院（*Lok Sabha*）討論此報告時，附近有位瑜伽老師正在性騷擾他九歲大的四年級學生。而光是前一天的四月三十日，德里警方就登記了三起類似案件。在斯瓦祿普納格爾區（Swaroop Nagar），一名在住家附近公園玩耍的兒童遭鄰居虐待。當區同天有名十四歲的女孩被她二十四歲的鄰居強暴。第三個案件更可鄙，一名理應保護人民生命財產和尊嚴的四十歲警察，竟於光天化日之下在圖格拉克路

（Tughlak Road）強暴了一名女孩，那裡距總理、中央部會首長和法官的官邸不過幾步之遙。日復一日，這種令人髮指的事件從未減少。而若這情況在德里就如此普遍，你可以想像住在偏遠地區的兒童，生活有多不安全。

沒人知道每天有多少孩子在放學回家、離開醫院、遊樂園、廟宇、警察局或其他政府機關的路上遭受虐待和羞辱。更糟的是，很多人甚至無法幸運地活著回來。他們被迫在磚窯、工廠、採石場受盡折磨，在暗自啜泣中嚥下最後一口氣。更多人死於營養不良、飢餓與疾病。也有人是在路上被橫衝直撞的公車、酒駕或新手司機給撞死。

社會上嚴重缺乏捍衛兒童權益的意識、準備與努力。致使類似事件一次又一次發生的原因不乏：社會普遍對兒童漠不關心、不負責任和無所謂的態度。因此，我們必須更全面的去理解兒童所面臨的各種危險和暴力，才能找出全方位的解決方案。

社會各界也普遍缺乏對兒童安全和權利的認知與責任感，數據顯示一半以上的兒童曾受熟人、親戚或老師的性剝削和暴力所傷。而有這些經驗的孩子之中，大概又有七成不會向別人訴說，因為我們的社會對孩子並不友善。友誼本身是能讓人感到安全的防護罩，也是栽培孩子的最佳方式，但我們不會只因為同情孩子或摸摸他們的頭就被他們當作朋友。這也是為什麼叔舅等親戚不會錯過可以騷擾或欺負兒童的機會，他們就是因為知道孩子不會告訴別人才敢出手，就算孩子真的向誰吐露，他們也能輕而易舉的否認。多少孩子從小就被教導要「尊重長輩」、「不可忤逆長輩」或「不要和長輩爭論」——這些規矩成了讓孩子默默承受痛苦的幫凶。就算真被性侵或虐待，他們還是不能指著長輩的鼻子罵！

試想一下在那些受過高等教育、所謂的菁英家庭之中，孩子背負著父母為他們提供貴族教育的沉重好意，被期待考到九十分以上，或成為舞蹈界的明日之星，或成為每次都能得獎的運動選手，但必須表現優異的壓力使他們喪失自信。父母親的這些行為讓孩子不想與他們親近，甚至在他們之間築起了巨大的鴻溝，使孩子無法鼓起勇氣向父母抱怨在家中發生的性剝削。

印度政府並未對奉派杜絕童工的勞動稽查官員進行有關兒童權益的培訓，官員在審問兒童時也不曾顧及他們的權利和尊嚴。警察常以粗暴、侮辱、不當的方式對待兒童。不幸的是，法院也是如此。

政府需要努力的部分還有很多，包括：增加公眾對兒童安全相關法律的知識，提升行政部門落實法律的意願，提供充足資源，為因意外受傷和死亡的孩子及其家屬，提供全額賠償而非象徵性的救濟金，並透過速審法庭懲罰罪犯。

然而，最重要的還是提升所有人對兒童需求的敏感度和對兒童權利的認識，管他是校車司機、學校職員、老師或醫院、診所的員工等等。當然，教育少年司法之家、警察、法院等機構的官員最為重要。

政府必須要求所有負責落實兒童相關法律、執行兒童相關計畫及法院指示的人都負起責任。我們還要為遲遲不來的正義與救助找多少藉口？我們還要讓孩子活在被毆打、強暴、燒傷、謀殺的恐懼下多久？

（——二〇〇七年五月）

別讓保障兒童權益的法律停留於紙上

極其重要的兒童性侵害犯罪防治法在去年通過後乏人問津。這是國內首部能保護兒童免受性侵害的特別法，在討論當中的重要條文之前，我想先聊聊落實此法所遇到的障礙。

上週，出身阿薩姆邦科克拉賈爾縣（Kokrajhar）的夏飛庫拉（化名）和他兩位來自加濟阿巴德（Ghaziabad）的親戚透過本地記者的協助和我們取得聯繫，與我約在德里會面，要我們幫忙尋找他十七歲的妹妹夏奇拉。在敘述事情的始末時，他好幾次泣不成聲。幾個月前，一名在地掮客帶著兩位來自哈里亞納邦帕爾瓦爾縣（Palwal）平果村（Pingod）的人謊稱要談契約婚姻，卻在村裡的毛拉為雙方擬定婚約後，綁架了夏奇拉。女孩行動不便的父親和哥哥幾個月來未曾放棄找她，甚至變賣家中土地湊到三萬盧比的賄賂金，才讓科克拉賈爾警局願意受理報案，怎知報案後仍是杳無音訊。上個月，夏奇拉終於找到機會偷打電話給哥哥。據夏飛庫拉轉述，綁架犯們以妹妹已嫁入門為藉口囚禁和強暴她。夏飛庫拉在平果村找到妹妹時，只見她全身滿是抓痕和傷口。不論夏飛庫拉怎麼懇求，他們就是不願放妹妹回家。

當我們的同事和夏飛庫拉等人一起到帕爾瓦爾警局報案時，沒人想理我們。別說低階警員，就連督察都不曾取締過兒童販運、性虐待、抵債奴工等犯罪行為。當我們引述印度刑法第三七〇條和三七〇A條中有關人口販運的新規定和「少年司法法」時，他們竟回：「你說的是美國法律嗎？」督察認為既然該縣每村都有這類婚姻就不犯法，也不是什麼新鮮事。是在和他們爭論數小時，拿出最高法院裁決、刑法和兒童性侵害犯罪防治法的複本，甚至將其譯成印地語並解釋其中要點後，他們才終於同意這的確是印度法律。但即便如此，他們仍拒絕前往平果村營救女孩。

同事們持續的施壓惹惱了督察，他要求：「先交出『拯救童年運動』的註冊證明和所有人的身分證，我們才會採取進一步行動。」他們也不怕或羞於趕走夏飛庫拉。後來，還是靠著「拯救童年運動」的資深成員去向該縣的警察局長和副檢察長（D.I.G.）陳情，他們才派了一小分隊和我們一起去救援女孩。在那裡，伊斯蘭教學者率領當地村民聚眾抗議，警察則看來很害怕。幸好最後在幾位盡忠職守的警察協助之下，我們成功從後門救出夏奇拉，開車將她載離。

但當我們回到警局後又再次被刁難。雖然夏飛庫拉帶著夏奇拉的學校證書當作可靠的年齡證明，警方仍堅持要檢測骨齡，強調若醫生發現她已年滿十八歲，就應當把她交還給夫家。她若不服，只能之後再另提訴訟。在警局裡，夏奇拉被迫與強暴她的人坐在一起，而且雖然有女警在場，但最初的訊問卻是公開進行，絲毫未考慮受害者的心情。帕爾瓦爾縣也沒有專為女孩或婦女而設的公立庇護所或任何形式的兒童福利委員會，因此體檢後隔天，當地地方法庭的法官就決定將她送到兩百公里外，隸屬於卡爾納爾縣（Karnal）的婦女之家，也不將她交給哥哥和親戚照顧。

婦女之家的工作人員表示，由於此案受帕爾瓦爾縣的法官管轄，若無他的許可，他們不能將夏奇拉交給夏飛庫拉。這是全邦唯一一間的婦女之家，但幾天前有兩個女孩在這裡自殺的消息使我們憂心，這表示夏奇拉可能很難受到良好的照顧和保護。這裡的政府機構糟糕透頂，不只兒童性侵害犯罪防治法案，所有與保護兒童相關的法律都被蔑視。

另一起事件發生在兩週前，當時我們從哈里亞納邦的索尼帕特縣（Sonepat）救出了十六歲的瑪麗亞（化名）。三年前，她在阿薩姆邦拉金普縣被綁架後，被走私到德里一家非法仲介商，最後是被一位富商用兩萬兩千盧比買來當家庭幫傭。瑪麗亞的母親則是為了還債在一年前被賣到德里當抵債工。索尼帕特縣警局的警官責備並驅趕「拯救童年運動」的夥伴，我們努力了兩天才讓長期被強暴、當時已懷胎兩個半月的她獲釋，並在此案首次援用兒童性侵害犯罪防治法，將兩名犯人送進監獄服刑。

在帕爾瓦爾案中，只有受夏奇拉所控告的丈夫一人被捕，並依兒童性侵害犯罪防治法的第三、第四條，及二〇一三年修訂刑法後新增與人口販運相關的第三七〇條及第三六六A條規範的婚姻內強暴被起訴。連曾讓最高和高等法院做出具歷史意義判決的「拯救童年運動」都要使盡渾身解數才得以在此案援用兒童性侵害犯罪防治法，我們很難想像要如何在偏遠地區推動並落實此法。大概只有少數婦女組織、律師、專家、敏感意識較高的公務員、或已準備好為受害者伸張正義的人才會知道什麼是兒童性侵害犯罪防治法。此法詳細定義了對未成年兒童的各種性侵害與相關罰則，並規定有助於受害兒童獲得醫療和復健補償金的聽證會必須在特別法庭進行，是唯一一部友善兒童、考慮兒童尊嚴的法律。可惜的是，這些規定全未落實。

在性犯罪已成了有組織規模的系統性犯罪之時，我們必須了解其他相關層面，才能正確理解何為性虐待。除了少數例外，失蹤兒童、兒童販運、兒童性剝削等問題大都密切相關，不應分開看待與處理。大部分兒童一旦走失後很難再找回來，而諸如虐待、性侵、強迫勞動、抵債奴工、甚至器官買賣等犯罪多針對失蹤兒童下手，他們又多是來自偏遠地區或是流離失所等未具有話語權的弱勢家庭。若社會大眾和警察能藉由提高警覺來降低綁架案的發生率，針對兒童的各種犯罪也將無從發生。

廣泛思考性侵等性犯罪的脈絡後，法律作出了一些重要修正，例如首次定義何為人口販運：印度刑法第三七〇條定義包括誘拐、綁架、欺騙兒童或成年人，以便將他們從甲地移送至乙地等行為為犯罪，第三七〇A條則為不同罪行訂定相應罰則。若法官依此法裁決，警方也依此法展開調查和拘捕行動，要將犯人繩之以法並非難事。

當然，要如何落實這些增修條文和二〇一二年十一月十四日頒布的兒童性侵害犯罪防治法仍是最大的挑戰。一個冷漠的社會和靠著剝削兒童的身體與情感而發達的政府，顯然不會乖乖落實這些法律。因此，我們有必要挑戰並打破把兒童當商品販售強迫他們做工賣淫的商人，與靠著收賄致富的政客之間的邪惡連結。有志之士和改革團體必須聯手反對剝削兒童，有系統的運用司法系統來打擊犯罪。

（——二〇一三年七月）

第五章

打破奴隸的枷鎖

「我不信綜合各國的決心和能力還無法消除奴役兒童的禍害。」

印度共有六部法律用以保障兒童的教育和安全：

1. 一九八六年的童工（禁止和管制）法
2. 禁止童婚法（The Prohibition of Child Marriage Act）
3. 二〇〇九年的兒童免費義務教育法（The Right of Children to Free and Compulsory Education (RTE) Act）
4. 二〇一二年的兒童性侵害犯罪防治法
5. 二〇一三年的刑法增修條文
6. 二〇一五年的少年司法（關懷和保護）法

讓法律為我們服務

印度議會這幾年提出的新法中，有部法律與童工有關，但包括執政黨在內的各政黨皆不看重童工問題，所以並未掀起公共討論。誰不知政治遊戲關乎於選票，不具投票權的兒童無法影響選情，所以充其量不過是政治角力場外的註腳而已。所有候選人都曾在登記參選時宣誓要維護憲法，但或許沒人注意到憲法不只保障一般公民，也保障未成年兒童的基本權利、安全、發展和尊嚴。不只憲法，其他諸如二〇〇〇年施行的少年司法法、二〇〇九年施行的兒童免費義務教育法和二〇一二年施行的兒童性侵害犯罪防治法等都是保護兒童的重要法律。

前述被議會擱置、和禁止童工有關的法律，是一九八六年施行的童工（禁止和管制）法的增修條文，其目的在於確保現行童工法規並未逾越憲法或與其他法律相衝突。中央內閣前陣子已同意該草案，所以若無意外，國會也不會反對此增修條文。

非政府組織估計印度約有五至六千萬名童工，但政府卻聲稱只有約一千兩百五十萬名。就算不追究確切數字，沒人能否認數百萬應該去學校上學的兒童，卻是待在農田、採石場、磚窯、工廠、餐館、家中、聲色場所等地工作。國內外許多研究已證實童工不僅會阻礙個人發展和國家的經濟成長，更與貧窮、成人失業率、文盲等社會弊病脫不了關係。我們怎能繼續為童工存在的必要性辯駁？

草案中提出一些重要建議，其中最主要的一條是全面禁止使用十四歲以下的兒童當童工，並禁止某些危險行業雇用十四至十八歲的兒童。其次，有人建議將雇用童工列為不可假釋的罪行（註1）。再者，也有人建議對雇用童工的雇主施以重懲。儘管增修條文能解決少年司法法和受教權相關法律某些不一致的問題，它們仍未能完全消除童工，也無法維護憲法和國際公約欲保障的兒童權利。事實上，現行法律並未完全禁止十四歲以下的兒童當童工，禁令僅適用於某些危險行業與其相關活動，而被列入危險類別的十八個行業和六十五個相關流程也並未禁絕聘用十四至十八歲的童工。

到目前為止，只有在一九四八年的工廠法中列舉出的採礦、製造爆裂物及其他危險行業完全禁用十八歲以下的童工，這意味著在家庭、農田、餐館、飯店和聲色場所等地雇用童工並不違法。值得注意的是，印度近八成的童工做的都是這些工作，但此情況卻違反了少年司法法中，保障十八歲以下兒童免受各種剝削和傷害的條款。

擬議增修條文的另一個缺點在於忽視了兒童犯罪也日新月異的事實。在今日的印度，每小時約有十名兒童失蹤，其中半數淪為兒童販運的犧牲品，每年都有成千上萬名兒童被誘拐，或在仲介說服其父母後被迫去當童工、抵債工、或是被迫上街乞討、或到別人家中當奴僕。失蹤兒童問題與童工問題密切相關，但修正案卻完全忽視這個重要連結。

缺點三則是對於搶救童工的過程和協助復原的規定不足，這點不僅被現行法忽略，在修正草案中也未被提及。如果一個孩子必須靠工作還債，那麼根據一九七六年的債務奴役制度（廢除）法，法官有責任救出還債工，但卻未明確規範是誰該執行搶救及如何搶救，整部法律更未曾提及獲救兒童該被送去哪裡，或是該如何在經濟、社會和教育層面幫助他們回歸正軌。換言之，若無相關的經濟支持計畫作為配套措施，這些法律難有成效。

如果政府夠誠實的話，它大可將最高法院不時作出的裁決寫入修正案。例如，最高法院曾在一九九六年判決童工的雇主必須支付罰金，而此款項將用來幫助孩子回復正常生活，或是為獲救孩童的父母或家中其他成年人提供就業機會。此外，德里高等法院有一案的判決曾指示雇主必須依兒童為其工作的年限償還全額賠償金，要求政府訂定法規以確保獲救兒童能回歸主流教育，並為十四歲以上兒童提供職業訓練，使該法成為他們的法律靠山，確保獲救兒童不會再次淪為童工。

缺點四在於政府在懲罰童工雇主方面不甚誠懇，仔細檢視就能發現現行法律的成效低落，迄今在案的一百三十六萬零一百一十七起案件中，只有四萬九千零九十二件遭起訴，而被定罪的僅有四千七百七十四件。

在擬議修正案中，罰金雖從兩萬盧比提高至五萬盧比，但若將通膨因素考慮進去，一九八六年的兩萬盧比應等約現今的十萬盧比。所以提高罰金不過是個幌子，雇主不會因為害怕付這點小錢就卻步。

使用童工應處以三年以上有期徒刑，強迫勞動則應為七年以上有期徒刑，至於那些知情卻仍使用走私兒童的雇主，則應處以五年以上有期徒刑。對於使用童工的初犯，應暫停其工廠執照一週，若再次違法，則應撤銷其執照。只將雇用童工視為一般罪行是不夠的，（為免犯人有逃跑、湮滅證據或串供的可能性）必須羈押犯人不得交保。不要忘了，修改福利相關法規可不是件容易的事。

看看我們的童工相關法規，是在一九五〇年制定憲法後，又花了三十六年才成為一部獨立的法律。但一九八六年的法律卻不夠用心，例如當時就該全面禁用十四歲以下的童工。二十七年後的現在我們終於又有了關於修法的討論，我們必須誠實並富有遠見的把握這個機會。

（──二〇一三年八月）

註1：cognisable offence。與可假釋的罪行相對，指的是即使沒有法院發出的搜索令，警察仍有權在做了筆錄後直接調查或逮捕嫌疑犯。通常用於謀殺、強暴、綁架、偷竊等重刑。

向政府問責

媒體近期大幅報導煤礦開採弊案、貪污、黑金和公民監察員法案（註1），卻只用一兩段就草草帶過其他重要的問題和事件。我們不能否認媒體正致力於報導國家大事，但為身心遭受剝削的兒童提供自由、正義和公平的機會也不是什麼芝麻小事，媒體卻不甚在意。綜觀印度議會的歷史，我們的國會議員甚至連騰出一天來討論童工問題都做不到，不願履行他們應設法解決此問題的責任。還好那些反對童工的人終於取得了重大勝利：幾天前，中央內閣同意了童工法（一九八六年施行）的增修條文，現在只等著國會通過。

修正後的新法將完全禁止使用十四歲以下的童工，並規定不能讓十四至十八歲的青少年從事任何危險行業。雇用童工將成為不可獲得假釋的犯罪行為，最高可判處三年有期徒刑，罰款可高達五萬盧比。這是人們期待已久的進展，但在徹底落實前仍有些挑戰和障礙。

挑戰一，缺乏政治意願的政府並未遵循憲法所載的基本權利或平等正義原則，也未落實支持窮人、受剝削壓迫者、婦幼等其他弱勢群體的法律和計畫。

一九五〇年制定的憲法中早已有禁止兒童從事危險工作的條文。儘管如此，禁止童工的法律卻是直到一九八六年才出現。三十六年來至少有兩代人或是成為童工，或是在接受童工存在為合理狀態的環境中長大。是到一九八〇年代初期，像我們這樣的人常到國會前舉行示威活動，並努力激勵盡忠職守的國會議員制定禁止童工的法律，才促成了一九八六年的反童工法。但它實際上卻變成了反童年的法律，只有百分之十至十五的企業被列入禁用類別，這等於法律許可另外百分之九十的企業雇用童工。我記得和數百名曾在法里達巴德（Faridabad）採石場和德里與加濟阿巴德（Ghaziabad）磚窯工作的童工家長一起燒掉這些沒有任何約束力的法律複本。現在，經過二十六年的艱苦努力，終於有人提議修改這部法律。

挑戰二，在於該如何向政府機構究責。國內某些地區和某些行業有嚴重的童工、抵債工和兒童販運問題已不是什麼祕密。不只採石場、磚窯和路邊餐館，幾乎在國內各角落都能看到家務童工和乞兒的身影。密札浦（Mirzapur）的地毯工業、賈坎德邦的煤礦和雲母礦坑、菲羅扎巴德（Firozabad）的玻璃工業、阿里格爾（Aligarh）的鎖具工廠、莫拉達巴德（Muradabad）的黃銅車間、西瓦卡西（Sivakasi）和維魯杜納加爾（Virudnagar）的煙火工業，以及蒂魯普（Tirupur）、賈朗達爾（Jalandhar）和首都區的刺繡工業中，上百萬名童工正在為富人創造財富——但他們的健康、童年、教育和自由卻因此被犧牲。這些地方的勞動稽查員和專委不僅領著民眾的血汗錢當薪水，還受惠於違法工廠主人的賄賂。儘管這些地區多數設有兒童福利委員會（Child Welfare Committee），在邦政府和中央政府層級則設有保護兒童權利委員會（Commissions for Protection of Child Rights），但即使政府花了數百萬盧比設立這些監督機構，我在三十多年來的反童工運動中，從沒見過哪個部門或委員會的官員曾因未能拯救兒童而被解雇。因此，不用被究責的官員便一面在平民百姓面前擺出高高在上的官僚姿態，一面在資助他們的工廠主面前鞠躬哈腰，刻意忽視嚴重的剝削。

挑戰三，負責落實法律的政府系統能力不足。能力低落的主因包括不關心兒童權利、不了解童工相關法律、人力等資源不足、及缺乏定期培訓。增修條文將執法範圍從原先的勞工部門擴大至警政體系，之後每個收到童工相關資訊或投訴案件的警察局都得依法行動。然而，警察的反人民和貪贓枉法仍隨處可見，人們幾乎都能想像他們會如何對待童工或他們貧窮的父母。這便是為什麼我們必須努力用新方法來培訓警察等公務人員，提高他們對童工議題的意識。

舊法並非沒有罰則，一九八六年的法律中包括了兩年以下有期徒刑和兩萬盧比以下的罰鍰。但即使此法存在，不只雇用一兩個童工的雇主未服刑，連雇用上百個童工為奴的雇主都未曾服滿刑期。至於所謂的罰款，在某些案子竟只收十五或二十盧比。對搶走童工童年的雇主來說，難道還有比這更好的交易嗎？中央政府上個月承認，自一九八六年頒布童工禁止和管制法以來，只做了一百三十六萬零一百一十七次視察，但一九九一年的人口普查卻統計出全國有一千兩百五十萬名童工。這二十六年間僅有四萬零一十九件訴訟案，其中只有四千七百七十四名雇主被定罪，罰款的金額更是微不足道。

挑戰四，政府並不是真的想知道童工的確切人數。政府聲稱國內現在只有五百萬名童工，但十年前的數字卻是近一千兩百五十萬，表示這期間至少有七百至七百五十萬名兒童從童工狀態中獲救。但若這段時間只有不到五千名雇主被定罪，問題自動浮現：他們究竟是用了何種法律程序來釋放這麼多孩子？還好操弄奇蹟、法術或詐騙的神棍沒說是自己改造了國內民眾的心靈，政府則口口聲聲說是上升的入學率降低了童工數量。但這只說對了一半，在固定有午餐吃及能享受免費優質教育的地方，兒童的確開始以上學取代工作，但某些地區學齡兒童的入學率仍只有兩成五至三成。

過去一年間來過政府部門的協助，「拯救童年運動」僅在德里就救出約一千一百名來自比哈爾邦、賈坎德邦和北方邦等地的童工，但其中近七百五十位兒童的名字竟都已在他們所屬村莊的學校登記入學。政府為這些孩子準備的中餐很有可能都進了當地官員的肚子裡了。

挑戰五，或許也是最大的挑戰，在於新法實施後，該如何幫助獲救兒童回歸正常生活。

目前政府推動的全國童工福利計畫（The National Child Labour Project Scheme）據說會在兩百六十六個城鎮施行，但卻只預計讓六十萬名兒童受益。政府自發的監督報告中亦揭發了各種騙局，例如在某些案例中根本沒有童工受益，而是以獎學金等名義將好處分給了富裕人家的小孩。非政府組織估計童工人數高達四至六千萬名，但就算是政府數據也顯示仍有五百萬名十四歲以下的孩童正在等待回復正常生活。此外，新法將使一百五十至兩百萬名介於十四至十八歲的兒童重獲自由，但他們顯然不能從小學一、二年級開始重讀，政府應特別為他們設計新的教學大綱，安排以職業訓練為主的教育。此事刻不容緩，必須從現在就著手準備，且其預算定會比現在分配到的額度高上數倍。

挑戰六，此法通過後，各部會還必須建立良好的協調制度。保護兒童權利的相關法律和計畫已複雜到令人困惑，一旦新法生效，挑戰只會更大。防止童工情事發生是勞動部的工作，現在警察部門也將參與其中。至於兒童權利則由隸屬於婦幼福利部門（Department of Women and Child Welfare）之下的兒童福利委員會（Child Welfare Committees）來負責監督，少年司法法賦予他們足夠的權力。在此之上，邦政府和中央政府層級還有隸屬於婦幼發展部（The Union Ministry of Women and Child Development）之下的保護兒童權利委員會，他們同時監管受教權法案，但確保教育政策的落實卻又是教育部的責任。而若孩子淪為童工或落入人口販子手中，此事則落入副縣長的管轄範圍。要讓各單位部門互相配合，明確的指示和定期的培訓必不可少。新法的好處在於要求各縣縣長擔負起落實此法之責，但在此前必須為縣長進行相關事務的培訓。

我們不能只是白白坐著，空等政府承擔責任，期待他們妥善應對所有挑戰。只有主動善加運用法律，法律才能成為我們的有力武器，否則它們不過只是一堆文件罷了。要讓有心覺醒的民眾成為善於用法的助手，加速倡議運動的腳步，以便一面向政府施壓，一面使印度國內和外國的企業負起責任。消除童工也是在消除剝削、貧窮、不平等和不公義——我們得靠眾志才能成城。

（——二〇一三年六月）

註1：Jan Lokpal，印度國會於二〇一三年通過一九六八年首度送入國會審議的反貪腐「公民監督法」，立法歷經四十五年，終將在中央和地方分別成立肅貪機構，強化調查專員的權力，以打擊各層級政府官員的腐敗行爲。

讓少年司法法發揮效用

少年司法法又再次成為新聞焦點。婦幼發展部部長的建議不僅遭各反對黨抨擊，也受到關注兒童權利的組織反對，此事看來只會造成更多騷亂，畢竟執政黨並未在聯邦院（*Rajya Sabha*）取得多數席位。在二〇一二年德里輪暴案（註1）的悲劇發生後，關於調降「少年」的年齡爭論並未減少，偶有未滿十八歲的青少年犯下強暴或謀殺案，更使爭議延燒，連政治家蘇布拉馬尼亞姆·斯瓦米（Subramanian Swamy）都向最高法院請願要求降低年齡限制，但他未能成功如願。

這之中的可悲在於，爭論仍只侷限於是否該以對成年人一樣的標準來懲處青少年，或僅是採取矯治措施即可，至於法案所涵蓋的其他重要層面則無人關心。儘管現行法有它的缺點，但它以「聯合國兒童權利公約」為基礎，包含了確保兒童與青少年安全和照護的重要規範。包括印度在內，幾乎世界各國政府都在一九九〇年簽署了這項被視為兒童權利聖經的公約。這部重要公約由幾項倡議運動促成，我也為其投入不少心力。

於二〇〇〇年制定，並於二〇〇五年修訂的少年司法法涵蓋兩個重要層面。一，國家應保障所有十八歲以下兒童的安全和照護。二，若孩子犯法，不論情況為何，他不會像一般罪犯那樣經歷司法程序，也不會被關進監獄，只會被送到少年司法之家住上三個月至三年不等，時間長短則由兒童福利委員會或少年司法委員會判定。

令人遺憾的是，政府已證明自己連這兩點都做不到。儘管法律保障兒童的安全和照護，仍有數百萬名兒童在街頭乞討，在街道上過著豬狗不如的生活，他們如同物品一樣被買賣，被奪去受教的機會，像玩偶般被困在婚姻中，被迫成為童工和抵債工，或僅只是因嚴重匱乏而長期營養不良。數不清的兒童被送進少年司法之家或監獄，只因他們缺乏法律協助。

為什麼即使受少年司法法保護，政府和政客對這些孩子仍漠不關心？兒童與青少年很容易落入幫派手中，被派去從事如扒竊、走私、販毒等犯罪活動：喀什米爾的恐怖組織和毛派團體對孩子洗腦，半哄騙半強迫地給了他們炸彈、槍枝等武器；犯罪集團則派青少年去偷竊、搶劫甚至謀殺。問題的癥結在於，要是政府和社會大眾夠真誠而努力的照顧孩子的童年與權利，許多孩子根本不用成為罪犯。若政府能嚴厲且迅速地懲處那些教唆兒童犯罪的成年人，兒童的犯罪行為也將大幅減少。

婦幼發展部長表示，青少年強暴犯應受到與成年強暴犯相同的懲罰，但是為兒童權利奮鬥的組織則堅決認為不該修改現行法律。在我看來，這兩種思維都過於極端。重新定義「少年」的年齡完全不恰當，因為它首先就和印度簽署的國際公約和宣言相悖，但同時人們也不能忽略，在十六至十八歲年齡區間犯下嚴重罪行的青少年中，許多只差三、四個月就滿十八歲，我們待他們的方式也不能像對待十二或十四歲的孩子那樣。因此與其執著於某個立場，更重要的是找到切實可行的方法。

依我所見，涉及嚴重罪行，可能判處十年以上有期徒刑至無期徒刑不等的青少年應畫成一類，少年司法委員會應有權將此類案件送交一般法院審理。如果法院判其有罪，他也不該在一般監獄受罰，因為如果讓他和其他專業慣犯一同生活，那麼比起改過自新，他更可能再次犯案。在這種情況下，政府應該建立能收容特殊青少年的矯治和保護中心，並在中心提供心理諮商和社會改造的教育計畫。當他年滿二十一歲，法院應該分析他的行為變化，若法官滿意他的復健過程，就讓他出獄，若否，他就必須再回中心待三年。審查週期可為三年一次。

關於照顧孩童和青少年的規定還有很多改進空間。以完全被剝奪醫療服務的貧困兒童為例，每個人都能見證公立醫院的不堪：裡頭設備不齊、貪腐橫行，工作人員態度的惡劣與嚴重疏忽，無法給孩子們健康的生活。至於那些以醫療保健為名的「私營企業」——他們真正的業務是掏空人們口袋裡的錢——讓人們很難相信窮人家的小孩能從這些地方受益。我們建議根據少年司法法，要求各私立醫院擔負起治療病童的法律責任，若藥物和診療費不超過二十萬盧比則不應收費，並懲處不依規定診治病童的醫院。

類似情形也出現在教育上，貧困兒童讀不起私立學校。受教權法規定學校必須確保入學學生中至少有四分之一來自社會貧困階層。但如今，應付各種競爭考試的各類私立補習班費用，根本高到讓貧困家庭負擔不起。修訂後的法律應當強制要求這些機構為至少四分之一的青少年減免學費。

無論制定任何法律，若社會對其認知不足，就很難加以推動。政府必須持續關注相關議題，有魄力的落實，並準備好充足資源來培力各執法機關。

（——二〇一四年七月）

註1：Nirbhaya。在二〇一二年德里輪暴案中，因應印度法律保護受害者之名，媒體將她稱爲Nirbhaya，印地語意爲「無懼勇者」。

後補註：修訂後的少年司法法於二〇一五年十二月二十三日在聯邦院（Rajya Sabha）通過。

無視保護童工的法律

中央政府的一項創舉是禁止了家務童工。在自由市場時代，發展中國家的中產階級日漸崛起，家務童工的人數也跟著水漲船高，其中多數是女孩。富裕國家也一樣，有越來越多人開始雇用來自中國、斯里蘭卡、泰國等地的年輕男女當家庭幫傭。最近，聯合國中有官員使用童工的新聞曝光後，也引來許多抗議聲浪。

你在國內各城鎮都能找到在各種人家中做著各類工作的童工——包括洗衣、做飯、打掃、為雇主照顧小孩等。我們時常聽聞他們受虐的消息，從毆打、用熱鐵夾鉗烙燙、性侵甚至謀殺，都所在多有。

禁止家務童工並不只是例行的法律程序。以前的勞動法規只能管到工廠、礦坑、磚窯或小型企業，但現在它們的管轄範圍已擴展至上千萬個家庭、村莊和小茶攤等。因此政府必須謹記，若不能嚴加落實此法，民眾不僅會對童工相關法規失去信心，也會喪失對其他社福法規的信任。若每個人都能在家中嘲弄此法，人們只會越來越蔑視法律制度。

在此背景下，政府有必要誠實審查與童工相關的重要立法程序，並排除會讓現行法規受嘲弄的缺漏。

讓我們先檢視守法情況。一九八六年，十三個行業和當中的許多作業過程被判定因危險而完全禁用童工，如地毯、皮革、煙火製造和採石等。但眾所皆知，在坦米爾納度邦西瓦卡西（Sivakasi）等地的爆竹工廠仍明目張膽的雇用童工。

這些工廠很容易只因一點輕微疏忽就發生爆炸，而死傷的多數是兒童。至於在其他危險行業工作的兒童人數似乎不減反增，例如在菲羅扎巴德（Ferozabad）的孩子必須融化熱玻璃來製作手鐲，而用染色毛線製作地毯的孩子得忍受空氣污染肺部，也有孩子在磚窯或採石場等地工作。這部法律規定雇用童工最高可判處兩年以下有期徒刑，但國內從未有人因此被關，且大多只是形式上開罰二十至幾百盧比了事。這些作為讓這部法律和騙局沒什麼兩樣。

另一類似的重要事件是最高法院於一九九六年十二月十日為公共權益律師梅塔（M.C Mehta）控訴印度一案作出的判決。合議庭法官（註1）庫爾迪普．辛格（Kuldeep Singh）稱童工是危害人類發展的重罪，並指示印度政府必須在半年內，繳交各邦分別在危險和非危險行業中工作的童工名冊給法院。為此，政府勢必需要進行廣泛調查，但他們政府一開始推說六個月內太趕了，後來則用更惡劣的方式抵制法院判決：他們在報紙和廣播上推播徹查童工的日期，以至於公務人員到實地訪查時，如其所料找不到半個童工。這就像在對小偷們公告，要他們準備好讓警察在指定日期抓他們一樣荒謬。六個月後，各邦政府和中央政府向最高法院提交的報告更令人失望，經過這番努力，他們只找出幾千名童工。

這個具歷史意義的判決，最重要之處在於提出解決童工問題的建議。首先，一旦在危險行業發現童工，雇主得立即支付每個孩子兩萬盧比的罰款，政府則應額外追加五千盧比，並將這兩萬五千盧比設為孩子的教育和復健基金。但這些仍流於紙上談兵，尚未有任何兒童因此受惠。除了北方邦的巴多希（Bhadohi）和格延普爾（Gyanpur）的幾起案件外，幾乎沒人向業主追討過罰款。判決中的另一項重要命令是，若雇主付不出罰款，他可以提供工作給童工家中的成年人，但這件事同樣也從沒發生過。

第三個與此相關的法律是中央政府在一九九九年十月十四日修改了公務人員規則，要求公務人員不得雇用兒童當家務工或家僕，以回應國家人權委員會針對六歲童工阿什拉夫案的指示，因為德里有名資深公務員，只因阿什拉夫偷喝他兒子杯裡剩下的牛奶，就用炙熱火鉗烙燙他的身體。我們在救出這個可憐童工後向人權委員會提出申訴。

幾乎各邦都發布了這分公報，意味著國內所有公職人員都不得雇用家務童工，但這項禁令的命運和其他法律一樣，在過去七年中未導致任何一位公務人員因雇用童工被解職，所以要政府主動採取行動是沒有意義的。就算非政府組織已冒著生命危險去搶救兒童並揭露惡行，政府官員仍舊安坐其位。

依此脈絡推論，最重要的問題仍不外乎是獲救兒童的復健和教育。今日，教育不再只是政府的一項福利計畫，而是每個十四歲以下的孩子都享有的憲法權利，任何阻礙它的人事物都等於違反憲法。保護憲法則應是政府最重要的責任和最優先的事項，因此政府必須為所有兒童提供免費有用的義務教育，包括供應免費午餐和為有特殊需求的兒童及其父母提供特別設施和折扣，從這角度來理解並落實禁止公務人員使用家務童工的公報。

印度還有一百多個縣仍不幸地受童工、貧窮、失業、文盲、人口增長、醫療設施不足等問題所苦，因此，最重要的莫過於中央政府能加強推動這些縣的福利計畫。執行消除貧窮、鄉村發展、全民教育及終止童工等計畫的步調應該和諧一致，但可悲的是，不止印度，在世上多數貧窮國家中，貧窮、童工和教育問題都分屬不同部會管轄，他們很少互相配合彼此的政策和計畫。聯合國組織已證實，人們不僅會因貧窮而失學，也會因沒去上學而持續貧窮，貧窮和童工也存在著類似的關係。

既然修訂後的法律公報業已發布，努力實踐便是每個人的道德責任。政府應招聘訓練有素且足量的勞動稽查員，並要求他們在時限內完成任務。此外，我們也建議應確立向勞動、工業和警察部門等雇員追究法律責任的方式，一旦在其轄區發現童工，這些領人民辛苦納稅錢做事的官員理應受罰。包括村評議會在內的潘查亞特系統（註2）和非政府組織等也應共同承擔責任，甚或允許民眾自發組成公民團體有權突襲檢查涉嫌雇用童工的處所。

總之，禁用家務童工不只是部法律，對印度這個經濟正在大幅成長的國家來說，它更是不可或缺的必需品。

（二〇一二年十月）

註1：division bench。不能由一名法官審理的初審或上訴等案件，將會在合議庭由兩名或兩名以上的法官來判定。

註2：Panchayati systems。潘查亞特地方自治系統在各邦分為三級，分別為行政村級、鄉級和縣級，在村層級本書翻為村評議會。

友善對待受害兒童

古吉拉特邦博德利（Bodeli）的一起公車事故導致四十二個兒童死亡，事發當天便受媒體大幅報導。幾分報紙寫道，是因車軸損壞司機無法控制車輛才會發生意外；也有人寫道，公車是在加速超車時不慎落入水溝；更有人認為司機的疏忽才是肇事主因。不論如何，這件事最多只會再佔據媒體版面幾天，之後就進入須耗時數年的政府調查和法庭纏訟。

當天的新聞還報導了另外三件事。一，在比哈爾邦的聖城加雅（Gaya），一名帶著因車禍受重傷的弟弟在公路上求救的十四歲少女，被歹徒綁架至附近空地輪暴，他們甚至在完事後掐死她，就地掩埋無辜女孩的屍體。第二起事件則是幾天前發生在古吉拉特邦的普傑市（Bhuj），有位老師性侵學生後威脅她不能說出去，否則就要她吃不完兜著走。第三起事件發生在首都德里，一名十三歲少女因為英語科成績一直不理想，選擇自殺而身亡。

這些事件看似獨立，實則有相同根源，顯示我們社會缺乏保護兒童的意識和努力保護他們的準備。對童年與兒童需求的漠不關心，使類似事件不斷發生。當務之急在於通盤了解兒童可能在生活中面臨的所有暴力、威脅和危險，才能找出完善的解決方案。

畢竟，我們真的還想把這些事件看成是單純的不幸嗎？只有當痛失孩子的家庭在死者遺照前痛哭流涕時，人們才對他們有短暫的同情。這類事件使我們不安，但大家卻對兒童所受的大規模暴力無感。聯合國兒童基金會的統計數據揭露了印度的慘狀，這裡營養不良和受剝削的兒童人數多得驚人。每個數據背後都是一個個有名有姓有身分的孩子，就和在博德利、加雅、普傑市與德里事件中受害的孩子一樣。

古吉拉特邦的公車事故並非特例，常有學童因車禍致殘或身亡。這種重大事件會引起幾天騷動，但大家很快就會遺忘。其他類似的例子包括去年在喀拉拉邦的船難中死亡的十九名兒童，在坦米爾納度邦庫姆巴科納姆（Kumbakonam）的學校廚房火災中被燒死的一百名兒童，或是幾年前在中央邦因搭乘的拖網漁船翻覆而喪生的二十九名兒童。

十年前當德里沃濟拉巴德區（Wazirabad）有二十九名學童死於車禍時，最高法院發布了對校車的規定，例如：每輛校車都必須配有一名助手；家長若覺得有必要，可以陪同孩子搭校車；每個座位下方都必須設置書包箱，學童才不會被書包重量壓得難受；車子前後都必須貼上「校車」的告示。此外，校車還需經過特別登記程序，確認車上備有急救用品和滅火器，並禁用老舊失修的車輛。雖說這是全國性的規定，但人們連在首都都公然違規，更別說是小城鎮的情況了。

隨著教育的商品化和昂貴私校的林立，接送孩子上下學的私家車數量也跟著增加。車款林林總總，從老舊不堪的轎車、廂型車、中巴到大巴都有。每天早上你都能在德里街上看見載著十五至二十個學童的馬魯蒂廂型車，但它的建議承載量卻是五名乘客。有些受雇接送學童的私家巴士甚至沒有執照。二月二十八日，一輛無照的私家巴士撞倒了一名在阿修克畢哈爾區（Ashok Vihar）學校就讀的四歲女童，雖然她沒有生命危險，但餘生可能都無法走路了。

人們不顧慮兒童安全、不關注兒童權利的例子已是多如牛毛，看看少年司法之家的環境有多惡劣就可知一二（住在那裡的兒童幾乎一致認為那就是監獄）。

沒有為勞工稽查員設置有關兒童權利的培訓，是印度制度的致命缺陷。警方的情況更糟，他們對受害兒童的問話方式不僅粗魯，有時甚至還帶有侮辱與歧視的意味。警員和勞工稽查員未曾被訓練和要求以和善的態度對待兒童。

除了提高人們對兒童安全相關法律的認識，並下定決心投入充足資源來落實這些法律之外，政府也應當補償受傷或死亡兒童的家屬，並加快法院審理程序，及早向肇事者究責。包括政府官員、學校和醫院的職員在內，人人都應具備保障兒童安全的意識，並熟知相關措施。

（——二〇〇八年四月）

馬迪巴（Madiba）：兒童權利運動的啟迪

（編按：本篇寫於尼爾森．曼德拉去世之後。）

尼爾森．曼德拉作為現代政治中指標性的道德力量和偉大的人權倡議家，已離我們而去。在知識和政治領域已有許多關於他生命各面向的書寫，甚至在他去世後還不斷有作品問世，但他對兒童權利的關注和倡議。卻幾乎不為人所知，此生我曾見過他四次，其中兩次很幸運的能以兒童權利倡議者的身分和他交換意見。當他一九九四年第一次來印度時，即使極為短暫，我還是很自豪能站到他身旁與他握手。而一九九七年，當我們在為即將於隔年從南非展開的「全球反童工遊行」做準備時，我十分幸運能到約翰尼斯堡接受曼德拉的祝福與支持。第一階段的遊行結束後，另外兩階段的遊行分別會從菲律賓的馬尼拉和巴西的聖保羅展開。

我們想從開普敦的羅本島監獄，這個囚禁了曼德拉二十三年的地方展開非洲段的遊行。正是為了這個計畫，某天早上我到他的住所見他。我還記得他坐在戶外的扶手椅上，在我簡要地向他介紹了我們反對童工的全球運動後，以鼓舞人心的口氣回應我：「這是志向遠大而勇敢的一步！」只是坐在他身旁和他說話，我就激動不已，彷彿得到前所未有的勇氣。

聊天期間，馬迪巴用一個例子強調讓青少年和兒童參與保護兒童權利的重要性。曼德拉被當地人暱稱為馬迪巴（Madiba），那是他的族名。有次他在開普敦街上注意到有群孩子正在路邊踢足球，就停下車和他們攀談。孩子們興奮地喊道：「馬迪巴，我們愛你！」聽到後他反問：「你們為什麼愛我？」其中一個孩子很快回說：「因為你投資很多錢在我們身上。」馬迪巴告訴我他真的很喜歡孩子們的真誠坦率，並受此事件啟發，他於一九九五年創立了尼爾森曼德拉兒童基金。後來，該基金會演變成致力於提倡非洲兒童與青少年的民主意識，防治如愛滋病等兒童疾病，以確保他們能活得有尊嚴的大型中心。該中心甚至擴展分部至非洲外的美國、英國等地。

雖然馬迪巴因健康狀態不佳而無法參與我們的計畫，他寫了字條，並交由他的妻子，也是世界著名的人權領袖格拉薩．馬謝爾（Graça Machel）拿給我。留言中他寫道：「為這項活動獻上誠摯的祝賀。我非常擔心在南非乃至全世界受童工所害的許多兒童。像這樣的旅程和倡議運動，將能喚起公眾意識，一起防止剝奪兒童童年及權益的事情發生。這樣的努力能讓孩子們脫離童工狀態，並防止下一代繼續受害。」最後，我們的遊行共走過一百零三個國家，不僅成功的在聯合國的日內瓦辦事處畫下句點，亦使我們為了防止童工在危險惡劣條件下工作而呼籲制定國際公約的要求，最終獲得實現。後來，馬謝爾轉告訴我們，曼德拉先生很為全球遊行的成功感到開心。

一九九九年，我們為教育發起了全球倡議，欲將國際社會和普羅大眾串連起來，一起致力於消除每六人中就有一人是文盲的禍源。為此，二〇〇二年初我到了致力於實踐馬迪巴理想的尼爾森曼德拉基金會去見馬迪巴。當時他已明白我們為受教權所做的努力，因為我們一直就此事與馬謝爾女士保持聯繫。他們兩人都給了我莫大的支持與鼓勵，也為我在此次倡議作為國際負責人的角色上帶來很多啟發。馬迪巴和馬謝爾在一封信中寫道：「全球數以百萬計的父母、老師和孩子們正投身於群眾運動，要求他們各自的政府為兒童提供免費而優質的教育。我們兩位也和參與此次全球倡議的大家一起支持此運動。」在活動期間我多次與他們通信，在其中一封信中他們寫道：「在改變世界的武器當中，教育是最有效的！」每年我們都在一百多個國家組織「環球教育行動週」（Global Action Week for Education），這計畫讓我們運動中的兒童代表有機會在二〇〇六年與馬迪巴會面（我當時無法去見他）。他和孩子們玩得很開心，也帶給他們很多啟發——這經驗成了孩子們生命中的無價之寶。

馬迪巴的健康狀況在晚年持續惡化，但即便是那時，我們仍與他的家人保持聯繫。他的妻子馬謝爾女士不僅定期參加我們為兒童權利所做的計畫，還加入了一個由我們發起，邀請各國高層組成的教育專案小組。馬謝爾女士、曾任英國首相的戈登·布朗（Gordon Brown）和我是此小組的共同主席，其他成員包括前聯合國祕書長科菲·安南（Kofi Annan）、前澳大利亞總理陸克文（Kevin Rudd）和挪威前總理等。馬謝爾女士不僅積極參與小組會議，也提出幾項重要建議。我更謙卑地請求她在她過去諸多的倡議基礎上，繼續敦促非洲各國政府及其元首為終止童工和教育投入更多。二〇一〇年的世界盃足球賽期間，我們到南非為受教權舉辦各種倡議活動，那是我們最後一次看到曼德拉先生。他當時坐在輪椅上，已無法開口說話，但我會永遠記得他揚起的手和微笑。

正如人們會記住尼爾森．曼德拉先生是位提倡並維護人道價值、生命尊嚴和自由的偉人、是反對種族主義的戰士、是新南非的建設者、也是和平與慷慨的體現一樣，許多人像我這樣的人會記得他是兒童權利的支持者，也是我們永遠的靈感來源。謹代表我們的運動和世上所有的孩子，滿懷敬意的頌讚這個了不起的偉人。

（二〇一三年十二月）

第六章

教育是通往自由的關鍵

「唯有教育能反轉潮流，讓被壓迫者不再受壓迫。」

二〇一四年，非政府組織普拉坦（Pratham）在針對印度的年度教育報告中指出：

1. 根據受教權法，全印度兩億三千三百六十萬名六至十四歲的兒童全都有權接受免費義務教育。
2. 但即使受教權法應許兒童上學，仍有六百零六萬四千兩百二十九名兒童被剝奪了受教機會。
3. 二〇一〇年，無法認字的兒童比例為百分之十三點四，但在二〇一四年，比例增長至百分之三十二點五。
4. 全國有四分之一的兒童無法在學校喝到乾淨飲用水。
5. 百分之三十三的公立學校沒有適當的廁所。女生廁所的狀況最糟，半數學校沒有適當的女廁。
6. 百分之十五的學校未供應學生免費午餐。

教育的功用

教育是載於世界人權宣言和各國憲法中的一項基本人權。全民教育的目的與目標，一如學者們定義的那般，一直都是全世界關注的焦點，近期的研究也證實教育是使經濟成長和永續發展的關鍵因素。

十九世紀，為大型農地引入新的灌溉和耕種技術是促進成長與發展的主要驅力，當時多數的國家並不重視投資人才。二十世紀時有了顯著變化：人們開始認為投注資金在發展人力資源和研究創新科技，才是促進經濟成長的催化劑。在這個時期，要培養人才、增加生產力和促進經濟成長，透過小學和中學教育、技能培養、在職訓練和研究等方法來取得新知和新技術已是不可或缺的過程。二十一世紀受市場力量的影響更深，經濟成長與市場趨勢密不可分，因此，資訊與知識的快速流動成了最重要的事。換句話說，十九世紀重視物質資本，二十世紀重視人力資本，二十一世紀重視的則是知識資本。至此，教育不再只是一種美德、價值或權利，它還搖身一變成了世界經濟的支柱。

事實上，投資教育具有低風險和高回報的特色：既能提高生產力、增加公民參與度、降低區域發展不均、實現社會正義與性別平等、使民主制度更公開透明，也能減少飢餓、增進人民的健康和營養、降低嬰幼兒和母親的死亡率、提高預期壽命、改善人口控制計畫、防治愛滋病、並促進對環境責任的認識等。這些不僅是發展的關鍵指標，也是驅動經濟成長的重要力量。

我們不能用一般通用的指標來概括評斷亞洲各國的經濟成長。東南亞和南亞的情況不同，甚至同區域內的各國情況也因國內政治環境、治理效能、政府方案與計畫、貿易政策與投資者利益、地理環境因素、外援和債務問題等諸多變項而不盡相同。在教育方面，包括接受教育的機會、公平性、包容性、義務教育的品質及年限多寡等也多有差異。至於教育和經濟成長的關係，則能從幾方面來看：

1. 建立人力資本：教育有助於建立、維護和加強人力資本；有助於創造、應用並傳播新知與新技術，以便使經濟穩定成長；亦有助於提高認知等能力，進而提高勞動生產力。它的培力特性能幫助公民在社會、經濟和政治等方面自立，從而更好地適應競爭與挑戰，並增加相互包容和共榮的能力。上述這一切都將轉化成經濟收益，特別是女性勞動力。

九〇年代初期世界銀行的一分報告指出，亞洲經濟發展能成功的原因之一，在於將小學和中學教育列為基本權利，並以普及教育累積人力資本。例如，高於平均的教育水平使香港能快速提高生產力，新加坡也特別重視有助於經濟成長的創新教育。

2.教育和收入：教育提供人們找工作和增加收入所需的知識和技能，並讓他們在競爭激烈的市場上更有本錢和人談條件。從國家的角度來看，這是全面降低貧窮和促進經濟發展的先決條件。有研究指出，每多受一年教育，收入就能增加百分之十。換句話說，若政府能為全民提供優質教育，等於每年能增加百分之一的國內生產毛額。

另一項研究指出，加強發展教育可以促進收入平等，收入平等則有利於增加經濟成長率。更有份研究指出，勞動力人口中，只要多百分之一的人受過中等教育，就有可能幫助收入倒數四至六成的人增加百分之六至十五的收入。

3. 教育和生產力：小學教育為人們奠定識字和算術的基礎，而中學乃至大學教育則對取得工業技術和產業知識至關重要。雖然初等教育的投資報酬率遠高於中高等教育，別忘了在中學和大學所教授的技能，將直接影響到國家的生產力和經濟收益。

教育的普及大幅提高了農業生產力。受過教育的農民比其他不識字的同儕更善於學習和利用現代農耕技術。在泰國，受過四年以上教育的農民使用肥料和其他現代技術的可能性，高出受教程度較低的農民三倍。另一項在尼泊爾的研究顯示，至少七年的學校教育能幫助農民提高百分之二十五的小麥生產率和百分之十三的稻米生產率。在中國、印度、韓國、台灣和斯里蘭卡等國，教育已被證實是提高工業生產力的關鍵因素。

4. 教育和貿易：教育使貿易更自由，亦使人們更願意投資，進而提高總體經濟成長率，說明人類發展的宏觀影響。世界銀行在一九六五至一九八五年間針對六十個發展中國家的研究發現，那些具備高等教育、總體經濟政策和貿易開放的國家，經濟成長率也普遍較高。高等教育能為國內產業和市場引進更多外國技術、知識和科技，從而增加更多出口貿易、並加強與全球市場的連結。許多亞洲國家都是這樣走過來的，最早從日本、韓國開始，現在中國和印度也是如此。

雖然亞洲許多國家有亮眼的經濟表現，仍有國家受困於政治動盪、恐怖主義興起、依賴外援、日漸加重的債務、居高不下的文盲人數、長期糧食不足或分配不均和自然災害等嚴重阻礙社會正義與經濟繁榮發展等問題。儘管亞洲各地的情況不一，我們還是可以從經驗中汲取一些重要教訓：

1. 一個不能為人民提供優質教育的國家，不可能實現永續發展及維持穩定的經濟成長。換言之，要建立並維持一個公平公正的社會及其經濟水平，必須得靠教育。

2. 要提高人民的生產力、收入與議價能力，並促成社會流動，關鍵在於讓全民都能完成中等教育。

3. 一般而言都是接受過一流高等教育的人，才有掌管經濟、分配收益的控制權，這點也反映出中產階級在市場經濟和內政上與日俱增的影響力。

4.如同教育會影響市場走向，對教育（特別是高等教育）的投資也受市場波動所影響，這種現象在中國和印度等國都很明顯。印度二〇〇九年的年度預算配置，刪減了初等教育的預算，轉而將重點放在發展能立即見效的高等教育上。若此趨勢延續，初等教育的品質將逐漸下滑，而我們著重菁英制的教育將逐漸步入平庸，從而扼殺創新。

5.教育的核心價值在於發展人類潛力，並創造一個平等共容、具公民意識且為彼此負責的社會。然而，在東亞和南亞，教育的終極目標似乎只為了就業和賺錢。雖然教育能促進經濟流動和減少貧窮，但持續惡化的人道價值和教育品質對培養和維持人力資本毫無助益。

6.必須確保童工、愛滋病童、身障兒童、女童及社會貧困和少數族群如原住民、移民與移工的孩子能獲得有品質的教育，以便他們能從國家的整體經濟發展中受益。剝奪他們的教育等於否認他們的人權與參與社會的權利，最終可能帶來無法彌補的社會緊張、對立和暴力局勢。

眼前最大的問題是如何將生產力的提升與經濟的成長轉化成增進社會公平正義的動力。如同國際社會承諾要在二〇一五年實現的「達喀爾全民教育行動架構」（The Dakar Framework for Action on Education for All）所述，我們必須以更宏觀的方式來思考教育問題。亞洲以至於全世界的經濟成長，也必須在達成千禧年發展目標的脈絡下實現，這是另一項國際社會必須履行的政治義務。

即使面臨經濟危機和財政緊縮，也必須持續鼓勵對教育的投資，這樣我們才會有合適的勞動力來維持生產力和健康的經濟循環。在這個人人都有權受教育的年代，這不只是必要措施，更是急迫的需求。教育政策必須看得長遠，不但要促進經濟成長，還要推動各方面的永續發展，不論在偏遠村莊或國際大都會皆然。

（——二〇〇九年七月）

追求受教權的夢想

像我這樣一直夢想著所有孩子都能受教育，長大成為負責任公民的人，不會只滿足於推動上的零星進展。但今天對我來說非常重要，因為從今天開始，我國數百萬兒童將有權依法免費受教育。

從前，人們總認為教育是種慈善事業，或是國家眾多福利政策中的一項而已。但這一切將從今天開始改變，印度已將教育列為受法律保障的權利。

我想起六歲時遇到的那個修鞋匠男孩，他永遠不會知道自己是改變我人生方向的人。當時的我沒能為他做些什麼，但我至今所做的所有努力，或許都是因與他相遇而起。

一九八〇年，當我和一群朋友開始倡議反童工運動，我強烈主張消除童工和全民教育是一體兩面的事，兩者缺一不可。這不是學術結論或判斷，只是一個民間倡議者發自內心的意見。現在，我很高興能看到世界銀行、國際勞工組織和其他聯合國機構也在討論兩者間的關係，我衷心感謝參與其中的學者和研究人員。

今天，我要向所有志工、倡議人士和「拯救童年運動」的成員表達衷心的感謝和敬意，特別是敢與我一同做夢，相信教育終有一天會成為普世基本權利的孩子們。我還要讚揚那些為實現此目標而起身行動的各個民眾、政商名流、非政府組織和教師團體等。

行文至此，我想起我們在二〇〇一年走遍國內各地，要求教育成為基本權利的「為教育而走」（*Shiksha Yatra*）遊行中遇到的成千上萬個孩子和家長，他們甚至不知道自己生長於哪個國家！其中有位和女兒一起在火柴盒工廠工作的母親，非常專注地在大街上聽我公開演講，活動結束後她衝到我身邊問道：「你的意思是說我女兒會有機會去讀書，然後去當老師嗎？如果是的話，這件事何時會成真？」如果我還知道這位我在南印度坦米爾納度邦某處遇到的母親的下落，我會告訴她就是現在。

我想起發生在北方邦皮爾庫瓦村（Pilkhua）的另一起事件。在遊行人群表演完街頭劇後，一名年約十至十二歲的小男孩來找我，把他那兩天賺的錢全交到我手上，說：「這是我身上所有的錢，請你用這些錢解放像我這樣的孩子，讓我們可以去上學。」遊行日子裡令人心酸的故事，我花三天三夜都講不完。

在這個長達一萬五千公里，為期六個月的遊行裡，我們走在雨中、泥路上、大太陽下，經歷寒風和水患，在學校、寺廟、清真寺和稻田上歇腳，晚上就睡在路過村莊的空地或小屋。每走一步、行一哩，看到遭受貧窮、壓迫或歧視幾代之久的人們被我們說服，開始相信教育是他們的權利時，我們的信心也跟著加倍。

九〇年代我們開始和關注教育的上下議院議員一起舉辦教育議會論壇。有趣的是，在拉維帕卡許維瑪（Shri Ravi Prakash Verma）的領導下，不分黨派，共有一百六十六名議員加入我們的行列。其中有些人藉著在議會質詢表明自己的立場，進一步推動了我們的運動。

我們可以將促使教育被視為人權的典範轉移歸功於「拯救童年運動」。近二十年來，「拯救童年運動」一直是發起和領導受教權運動的先驅。我們也從經驗和行動實踐中，成功建立了童工、文盲和貧窮三者的關係理論，現在大家已普遍接受它們之間的因果關係。我們深信，教育是為所有人權打開大門的鑰匙。

我們還記得二〇〇〇年那個重要的早晨。數百名兒童在黎明破曉時，就去敲國會議員們在首都北街和南街的官邸大門，將他們從睡夢中喚醒，並象徵性地遞給他們每人一塊寫字板，挑戰這些受驚的高官說：「為什麼獨立都五十三年了，我們的寫字板上還是空無一物呢？」一些敏銳而積極的議員當天就在國會中提出此問題，並要求議會好好就國內的教育現況進行討論。過去從未有人用這種方式推動和督促印度議會行動。

我也還記得這些孩子與前任總理如維．普．辛格（V.P. Singh）、因．庫．古吉拉爾（I.K. Gujral）、阿塔爾．比哈里．瓦巴依（Atal Bihari Vajpayee）、和現任總理曼莫漢．辛格（Manmohan Singh）及前任總統科．拉．納瑞雅南（K.R. Narayanan）和現任總統阿卜杜爾．卡蘭（A.P.J. Abdul Kalam）等的幾次會面。孩子們提醒他們要實現建國先驅的夢想，為所有人提供教育。

將近十年前，全國沒有任何一個政黨關注教育議題。好多次，我和同事在政黨文膽們的辦公室外等上數小時，只為在他們出門時能向他們說明在競選活動中討論教育問題有多重要。

我還記得我們在全國和各邦政府選舉期間舉辦倡議活動時的一些趣聞軼事。因著選舉，「拯救童年運動」發起一項獨特的活動，密集接洽各政黨的主要候選人，要求他們簽署消除童工、確保為所有兒童提供免費優質教育的承諾。很多候選人最初對此置之不理，但當他們意識到教育議題受歡迎的程度足以影響得票數多寡時，原先不搭理我們的候選人開始回頭主動聯繫說要簽署文件，我們則把堅決拒絕簽署的候選人名單公布，並將其歸類為「反兒童的候選人」。最後，「拯救童年運動」和其他合作夥伴成功地在全國半數以上的選區中取得候選人對教育議題的支持。

二〇〇一年「為教育而走」的遊行活動引發民眾對教育前所未有的強烈要求，加上議會的熱切遊說，使教育在修訂後的印度憲法中被列為基本權利。但這對我們來說還不夠，因此又花了八年努力到現在，終於等到有部獨立法律可以保障此權利。如前所述，現行法律仍有不足之處，所以我們還會繼續爭取免費、有品質、不歧視任何人的義務教育。縱使我們取得些許勝利，但戰爭尚未結束。

好消息是，過去十年間國內新增許多公民團體和串聯網絡，我們必須讚揚他們為教育領域的付出，而現在正是聯合這些力量來制定基本行動方針的最佳時機。除了非政府組織的社群，一起確保該法付諸實行的重要夥伴還包括全國教育聯盟（National Coalition for Education, NCE）、全印度小學教師聯合會（All India Primary Teachers' Federation, AIPTF）、全印度中學教師聯合會（All India Secondary Teachers' Federation, AISTF）和全印度教師組織聯合會（All India Federation of Teachers' Organizations, AIFTO）。「拯救童年運動」多年來一直與它們密切合作，相信我們未來將繼續一起努力使夢想成真。

首先，我們必須處理關於失學兒童的統計數據落差。政府數據顯示的七百七十萬名是嚴重低估，畢竟據二〇〇五至二〇〇六年的全國抽樣調查估計，約有四千六百萬個兒童失學。而AC尼爾森公司（AC Nielsen ORG-Marg）在二〇〇一年進行的一項獨立研究則指出，失學兒童人數是八千五百萬名。政府應該誠實地公開失學兒童的實際人數。其次，我們需要喚起普羅大眾的意識，並動員他們反對現行教育制度自動往商品化與歧視不公靠攏的趨勢。中央政府在第十一個五年計畫中提出的學券制度不僅淡化了國家對普及小學教育的責任，還鼓勵了教育的私有化，很容易誤導民眾，我們必須加強申訴系統和法律倡議來矯正此事。遺憾的是，保障憲法權利本應是一般司法系統的責任，如今卻被歸在婦幼發展部（Ministry of Women and Child Development）的管轄之下，由全國及各邦的保護兒童權利委員會（Commissions for Protection of Child Rights）管理，但許多邦竟至今仍未設立這些委員會。

包括村評議會在內的地方自治機構及各政府機關都必須負起執法之責，更須為被邊緣化的兒童，如被綁架、販運、拘禁的童工、身障兒童、達利特人等少數族群及部落的孩子，特別是女孩們作出特別努力，保障他們的教育品質，並盡力防止他們輟學。最大的挑戰在於讓中央及各邦政府為教育提供充足的預算，並誠實地使用那些經費。為了協助落實此法，公民社會必須與盡職的官員和機構同心協力，在規畫、實施和監督教育計畫上成為政府堅實的夥伴，這也意味著我們必然需要每個人持續不斷的合作與支持。

儘管有這些嚴正的告誡，今天仍是值得慶祝的一天。數百萬人的夢想在今天成真，恭喜大家！

（二〇一〇年四月）

教育，讓世界更公平

今天，世上每七人當中就有一個是文盲。六千萬個兒童從未上過學，一億兩千萬個兒童沒讀幾年書就輟學，至於那些繼續留在學校的，仍有兩億五千萬人無法閱讀自己母語的文字，也不會基本的算術。

好的教育不僅是人權，更是能將我們從精神、社會和經濟奴役狀態中解放出來的最佳武器。雖然公民社會知道教育的力量，但宗教狂熱者和恐怖組織更看重此點，才會這麼害怕受過教育的學童，並在各處攻擊他們。例如，恐怖組織博科聖地（Boko Haram）一年多前在奈及利亞綁架並囚禁了兩百多位女學生，至今半數以上的女孩仍下落不明。上個月，恐怖份子闖進肯亞某所大學，屠殺了近一百五十名學生。巴基斯坦白沙瓦（Peshawar）的一所學校在幾個月前遭亂槍掃射，受傷的一百四十五人中有一百三十二名是無辜的孩子。在敘利亞和伊拉克的某些地區，也有三至四千名年輕的女學生遭綁架後受盡性剝削和被迫賣淫。

在此背景下，聯合國教科文組織（UNESCO）於五月十九日至二十二日在韓國舉行了一場教育會議，幾乎各國的教育部長和官方高層代表都參加了，聯合國祕書長潘基文（Ban Ki-moon）、世界銀行、聯合國教科文組織、聯合國兒童基金會等國際組織的領袖和官員也都到場與會，我則被邀請在開幕時致詞。到目前為止，人們仍公認這場會議是討論教育——關乎世上所有未受教孩童與成人的未來——最重要的國際場合。此前，在一九九〇和二〇〇〇年也曾舉辦過討論教育議題的全球會議，但本次會議的重要性在於，各國必須在為世界制定發展目標時確認教育的作用和重要性。值得一提的是，聯合國也將在明年九月舉行的大會上訂定新的發展目標。

聯合國大會在二〇〇〇年設定了八項千禧年發展目標，透過這些目標，國際社會共同承諾在往後的十五年，以詳實的計畫來解決人類所面臨的貧窮、疾病、文盲、失業和環境破壞等問題。諷刺的是，過去十五年來，全球政治的面貌和特性發生了很大變化，對恐怖主義的恐懼、持續不斷的暴力抗爭和戰爭已然推遲了必須優先發展的目標，世界同時也面臨嚴峻的經濟衰退，導致富國的發展援助經費和發展中國家的社會支出預算都因此遭到大幅刪減。

教育很可能在下屆聯合國大會的全球發展草案中佔有一席之地。我真心相信若不能為所有人提供免費、優質、包容而平等的教育，也別指望達成其他的發展目標。社會要靠四根支柱才能持續發展，如不強化它們，發展隨時可能中斷。這四大支柱分別是：人、環境、繁榮與和平，而教育正是連接這四者的樞紐。首先，人類的福祉取決於安全、正義、民主參與和善政。盲目的信仰和恐怖主義在富國和窮國都激起了種族情結，導致本地人對從其他國家移入定居的社群懷有越來越多的疑心與恨意，非自由主義派的政黨聲勢也因而快速興起，這種事態的發展對人類和民主制度都很不利。

唯有教育能化解這些日益升高的危機。教育有助於提倡自由主義、和諧共容、民主參與、公民責任、政府問責制和透明度。更值得注意的是，若母親曾受過教育，她們的孩子在嬰兒時期的死亡率將減半。我們光靠教育就能在未來十年內幫助近七十萬人免於感染如愛滋病等的致命疾病。

第二個支柱是環境。尼泊爾的地震和北阿坎德邦的洪水皆是自然反撲的案例。若無頂尖的科學技術，我們很難解決氣候變遷和全球暖化的問題。我們有確保從小學就開始教導孩子如何守護地球的道德責任。而在保育珍貴的水資源和現有能源之外，我們仍必須靠著高品質的教育，讓生產對環境無害的替代能源成為可能。

第三個支柱是經濟發展與繁榮。我們正活在溝通和知識經濟的時代，透過無線的通訊科技來連結與控制市場和交易系統。最近一項在五十個國家所做的研究顯示，若為全國人民提供多一年教育，可使國內生產總值增加百分之零點三七。若給予的是高品質教育，那麼每年將增長百分之一。由世界銀行、聯合國教科文組織等所做的其他研究證明，兒童每在小學多學習一年，成年後的收入就會多增加百分之十至十五不等；若是在高中多學習一年，收入則會增加百分之十五至二十五不等。若是女孩，收入成長的幅度甚至還會更高。

第四個重要的支柱是和平。和平不只存在於宗教領袖的講道或宗教場所的聖書之中，不只是學術研討的主題，更不只是外交談判而已。不論在私人和公眾領域，每個人都冀望和平，因為和平不僅是種內在特質，更是人人皆有的權利。一旦失去和平，發展也將面臨停滯。

教育使人具有邏輯力、包容力和相互理解的能力，但不幸的是，有人正以宗教和道德之名，利用教育傳播狹隘、仇恨與暴力的心態。我們眼前的一大挑戰在於提供能引發人道價值與世界公民意識的教育。

每年僅需兩百二十億美元就能為全世界所有兒童提供教育，這相當於全球四天的國防支出，歐洲消費者購買化妝品總額的五分之一，或是美國人購買香菸和菸草總額的四分之一。我相信韓國的仁川市將會為歷史寫下新的篇章。為了全人類的社會發展，各國政府和國際社會應該將教育視為當務之急，這並非難事，只要有承擔道德責任的政治決心和充足的資金，就能幫助實現全民教育的目標。

（——二〇一五年五月）

被忽略的藏族兒童

你很容易就能在印度各城市看到賣著羊毛製品的西藏難民，他們通常個子矮、鼻子塌，喜歡穿著棕色或飾有彩色條紋的連身服。印度的藏人多定居在喜馬偕爾邦的達蘭薩拉，受佛教僧侶、也就是他們的精神導師和國家元首達賴喇嘛所領導，但他們也定居在許多其他城市，例如新德里的西藏村（Majnu-ka-Tilla）就是一個這樣的聚落。每晚都有上百名德里大學附近的學生和年輕人為了喝青稞酒（*chhung*）這種特別的酒精飲料，或是為了看路邊餐館（*dhabas*）裡膚色白皙的漂亮女服務生而在此聚集。在南北印或尼泊爾的某些城市，你也能找到販賣羊毛製品、石項鍊、皮夾克等的西藏市集。

但這些對有自己內心小世界的藏人們來說並非真實生活，他們的認同、心靈和魂魄根源於西藏古老、多山而美麗的土地及山中那些偏遠的村莊裡，但那片土地現在卻被中國佔領。藏人的生活方式根植於他們的宗教信仰和儀式，出於這個原因，他們無法欣然接納中國社會；住在難民聚落裡，也難以與印度和尼泊爾當地的社群融合。

過去四、五十年來，西藏一直努力在爭取自治，其中最大的特點是它未曾更改的非暴力與和平特質。六百多萬名藏族人幾乎全是佛教徒，而達賴喇嘛則被世人認定是守護世界和平最重要的宗教導師，這也是為何包括歐洲和美國在內，全球各地有數百萬人願意追隨他並支持西藏運動。達賴喇嘛從實際的角度出發，只要中國願意給西藏一個特殊的地位與更多的自治權，保留藏人的宗教自由及保護他們的人權，他同意將西藏視為中國的一部分，支持恢復和平。然而，少數幾個缺乏耐心和寬容的年輕藏人團體已然形成，至於控制欲強的中國仍以一貫的方式壓制西藏，在強硬派掌權的日子裡情況更糟。不僅如此，中國一直將達賴喇嘛視為敵人，至於西藏第二重要的宗教領袖班禪喇嘛，則是從小就被監禁在中國的監獄裡。

奧運會今年將在中國舉行，這不啻是讓世界關注西藏問題的最好機會。因此，抗議者增加了他們的反抗運動。過去幾個月裡，在中國境內的藏人和平示威活動中出現了暴力騷亂，中國軍隊則因此襲擊佛教寺院、村莊和城鎮。中國政府指責是達賴喇嘛煽動暴力行為，表示佛教僧侶正以武裝方式引發混亂，但西藏人則指控是中國軍隊的特務，以偽裝成僧侶的方式散播暴力，才讓政府有藉口發起大規模的鎮壓。包括印度在內，世界各地都有阻止奧運聖火傳遞的示威活動，特別是在歐洲，例如奧運火炬就在法國首都巴黎被澆熄，四十個人因此被捕。

在所有這些政治指控、反指控和示威活動中，西藏兒童和青少年的權利問題被邊緣化了。無論他們來自喀什米爾、科索沃、阿富汗、伊朗或蘇丹，發動戰爭、製造暴力、攻擊他人或引起動亂的都不會是兒童。相反的，兒童是世界充滿暴力歷史中最大的受害者。無論兒童的父母是為軍隊或恐怖分子作戰，是受槍林彈雨波及的無辜公民，還是逃離祖國的難民——他們的孩子全都被嚴重的精神創傷、難忍的悲痛、無法修復的心理障礙、恐怖的暴力甚至大規模的死亡所折磨，這些被恐懼籠罩的兒童被隔絕在主流社會之外。而在世界不同角落，某些兒童的學校被改建成軍隊駐紮的營地或難民營；某些兒童則感染了愛滋病等的致命疾病；某些兒童被偷運到其他國家，被推入賣淫或為奴的深淵中；至於某些兒童的玩具和書籍則被恐怖組織搶走，他們被迫拿起槍桿子。

西藏也未能倖免於此。三月十六日，在首都拉薩讀書的十六歲女孩楞珠措，在上學途中被軍隊擊斃，家人收到她殘缺不全的屍體時，還看得出她將書包緊抱在胸前的模樣。據親戚和學校老師所說，她是全村最勤奮有前途的女孩。此事發生的前六天，拉薩的一座佛寺從外部被封鎖，包括年幼孩子在內，裡頭的人全都活活被餓死。而當十五歲的洛普桑發聲抗議時，他被逮捕並監禁在不為人知的地方。西藏所有孩子的教育都受到阻礙，近兩百萬名兒童的受教權、健康權和發展權都被剝奪，他們活在深深的不確定當中，沒人知道未來會如何。

雖然中國是世上成長最快的經濟體，亦是對歐美市場的最大威脅，西藏的經濟形勢卻持續在惡化中。聯合國的人權報告指出，百分之五十四點八的藏人沒有受過教育，三分之一的藏族兒童從未上過學，他們的健康狀況也很差。教育中的性別不平等也比其他地方嚴重，女學生人數非常少。

在中國，一百名藏族兒童中只有九個人能進入高中就讀，而過去二十年中，在西藏古老而著名的定日縣（Tinghi），只有十五個孩子讀完高中，但即使如此，也沒有好工作可供他們選擇。儘管如此，據中國政府於二〇〇一年發布的白皮書記載，西藏共有九百五十六所學校。但政府卻以學校教育為名，嚴重干預了兒童的宗教自由、文化、歷史和語言傳承，強加給藏族學生的課程讓他們感到迷惘和受騙，這導致西藏人民、尤其是西藏兒童，被迫大規模的逃離家園，每年都有孩子和家人一起成為尼泊爾或印度的難民。最令人擔憂的是，不論是自行逃脫或透過仲介，其中三分之一的人未滿十八歲。很難想像他們的精神狀態為何？如何看待未來前景？又或者，他們從童年時期就被迫壓抑的憤怒，究竟會在何時、何地，以何種方式爆發？唯一可以確定的是：一旦爆發，印度和尼泊爾一定無法倖免於難。

在這種情況下，中國政府有必要留意並保護西藏兒童的權利。首要之務在於保障他們的教育和健康，並據此分配足夠的預算。課程內容應與西藏代表一同制定，並確實監督教育的支出與品質相符。必須保護學校、佛寺、醫院、社區聚落等有孩子在的地方不受暴力入侵。恢復西藏的人權，特別是兒童權利。更重要的是，我們應該繼續期望達賴喇嘛以及支持西藏運動的各個團體和國際組織，都能將保護兒童權利列為他們的優先事項。

（——二〇〇八年四月）

第七章

兒童和宗教

「我要挑戰瀰漫在孩子周圍的被動和悲觀心態，挑戰這種沉默不表態的文化。」

1. 印度人民的主要信仰：印度教、伊斯蘭教、錫克教、基督教、佛教、耆那教。根據二〇一一年的印度人口普查統計，印度教徒約佔總人口的百分之八十，穆斯林約佔百分之十四，基督徒和錫克教徒各約佔百分之二，佛教徒約佔百分之零點七，耆那教徒約佔百分之零點四，至於信仰其他宗教的人約佔百分之零點七。

2. 惻隱之心是所有宗教的基石。這也是為何宗教典籍中花了不少篇幅在討論該如何關愛兒童、保障他們的尊嚴和安全。

3. 儘管吠陀經（Vedas）和摩奴法典（Manusmriti）指示，必須為所有兒童提供高尚、著重整體發展的教育，但現實恰恰相反。印度教徒願意為了造神像、蓋神廟和廟裡的祭拜儀式投注大筆金錢，卻對寺廟外仍在乞討挨餓受凍貧童視而不見。

4. 古蘭經說，不該有任何兒童因貧窮而死。按伊斯蘭教的說法，人們可以從在母親膝上玩耍的孩子臉上看見神所示現的光芒。但如今，恐怖份子用宗教當幌子，綁架許多無辜兒童，將他們如商品般出售，或對其進行性剝削；又或是給他們槍，將他們訓練成濫殺無辜的自殺小隊（*fidayeen*）。

5. 基督教佈道中談到了對兒童的關愛和憐憫，耶穌基督甚至曾說要先讓孩子到他身邊。不該剝奪兒童進入天國的機會，因為天國即是為他們而造。但即使在基督教國家，對兒童的性剝削和販運等邪惡依然存在，且不見教會和神職人員出聲撻伐。

別給孩子冠上宗教身分

宗教和兒童的關係是獨特的。呱呱落地的孩子無比單純，是成人社會在後來透過割禮、剃度、戴聖線（註1）、五種戒律（註2）等各宗教的皈依儀式來確立孩子屬於哪個宗教社群。依我看來，當孩子們被冠上印度教徒、伊斯蘭教徒、錫克教徒、基督教徒、佛教徒、耆那教徒等宗教身分的那天，便是人類再次分裂的一天。我們又再次違背了神的旨意。

全世界有超過十億個兒童正受赤貧所苦，超過兩億一千萬名兒童必須用纖弱的身體為他人做繁重的工作。每分鐘就有十名兒童死於營養不良，七千萬名兒童從未上過學，另有一億五千萬名兒童在還沒念完五年級之前就輟學。數百萬名兒童淪為人口販運的受害者，在光天化日之下被拍賣。許多遭綁架的孩子，身上的重要器官如腎臟、皮膚等都被奪取出售。有的則被帶到離家數千公里外的農田、工廠、磚窯或妓院被迫為奴。至少有五十萬名兒童被恐怖分子、私人和非法軍隊逼迫成為童兵。應該是拿著玩具和書本年紀的兒童，卻手持如AK-47和AK-56的危險武器。儘管在各地林立的教堂、清真寺、佛寺、錫克廟等宗教場所有著不容小覷的影響力，全球兒童仍處於悲慘境地。這些宗教機構偶爾會做出重要而令人稱道的行動，但那比例就像是茫茫大海中的一顆小水滴。

伊斯蘭教的古蘭經和聖訓（註3）告誡人們要善盡撫養孩子的責任。先知穆罕默德只有一位獨生女，他稱女兒是神所賜予的無上祝福，認為沒有女兒的家庭是不幸的。

幾年前，我們從菲羅扎巴德（Firozabad）的玻璃手環工廠救出一個年僅七、八歲的孩子，他是待在熔爐中熔化玻璃的抵債工，全身因此燒得焦黑不堪。父母都不在身邊，但每當孩子太想念母親時，老闆就揍他。我看見孩子手上有個大洞，追問後才得知是他某次不小心被熱玻璃滴到，孰料熔融的玻璃立刻如子彈般滴穿手掌。老闆非但沒送他去醫院治療，更因此失誤又痛扁他一頓。當我聽到這無辜的孩子和先知穆罕默德同名，工廠老闆還是當地巴布里清真寺委員會的領袖時，我不禁羞愧地低下頭來。

北方邦密札浦（Mirzapur）也有一起類似事件。我們突襲當地一家地毯工廠，營救從中央邦雷瓦縣（Rewa）被綁架而來的女孩，十一名獲救的女孩看來很開心，但我卻看到有個十四、五歲的少女獨自挨在牆角哭泣，於是我找了一位女性地方法官陪同，回到房間告訴女孩她現在自由了，我們會帶她回父母身邊。聽聞此，她哭得更大聲，直說她不想回家。後來我們才知道她經常被雇主強暴，甚至更因此懷有身孕。最後，當眾人聽到女孩名為悉塔都感到羞愧萬分，畢竟雇主家門上還掛著一幅寫著：「羅摩大神，我們將前來，為您在原址重建寺廟」的巨大旗幟，我真不知該做何感想。

可以肯定的是，這些罪行與宗教扯不上半點關係。但人們怎能忽視那些利用宗教和族群狂熱繼續經商或領導群眾之人的表裡不一？若有人肯去調查這些以服務和慈善為名所建的各種宗教學校，應該很容易就能發現有人正以建構品格和培養美德當幌子，實則幹著毒害兒童們純真心智的勾當。多數經營此類機構的人更喜歡用紀律來箝制兒童的心靈，而不是尊重他們的權利和自由。這些地方常有性騷擾和性侵的醜聞，用宗教之名來掩飾童婚和對女性與賤民的歧視也所在多有。在許多國家，諸如殘割年幼男女孩生殖器官的變態儀式，或以獨身主義和梵行期（註4）為藉口的邪淫，更是不勝枚舉。

宗教、信仰和傳統這三件事並不相同，但試問有幾個宗教導師敢揚言反對具宗教意涵的習俗？這些大師（*gurus*）每天除了透過二十四小時不停歇的電視輪播來大聲宣傳自己的宗教信條、並自我歌頌外，更藉此機會推銷藥品、護身符、募款、傳播弊端與偽善，甚至引發對未來和星相的恐懼，進而造成迷信和假奇蹟的興起。他們之中誰真的擁抱了宗教與靈性的本質？誰又活出了人類的同理心與善感？誰曾拿出道德勇氣，出聲抗議不公義與不平等？

世上各宗教的教義與為了追求正義平等而發起的革命，有著本質上的相似。所有宗教和革命都源於對人類的深刻關懷，並由此關懷衍生出與其價值相符的行動，並透過各種團體來反抗壓迫與邪惡。從同樣的源頭開始分歧成兩條路，一是靈性之路，二是致力於改革那些助長壓迫和邪惡社會、經濟和制度原因的改變之路。世上各種大大小小的革命，走的都是第二條路。

從這兩條路中又衍生出其他路徑。從靈性這條主幹道變形出組織化的宗教，並隨著時間流變，從它裡頭又生出了儀式、偽善、社群主義甚至是恐怖主義。但另一方面，宗教的本質仍是關乎助人、建立和平、平等、兄弟情誼，並恢復社會中受壓迫和貧困弱勢階層的尊嚴。同樣地，雖然對社會、經濟、政治的改革之路仍存有對人類的自豪與為正義和平的持續奮鬥，它的另一面也可能導致政治欺騙、偽善和得權的腐敗。總而言之，我們都見證了宗教和革命的嚴重倒退，或許這也是為何世界各處都有破壞童年的行徑發生。

全印度約有六十萬個村莊。據估計，諸如苦行僧（*sadhus*）、隱士、毛拉（*maulvis*）、托缽僧（*fakirs*）、比丘（*bhikkus*）、傳教士、馬漢特（註5）等宗教相關人士約有六十五萬人，若再加上在寺廟、清真寺、錫克廟、教堂等宗教場所工作的各種神職人員，人數還會更多。現在想像一下，如果以神之名贏得收入和尊重的這些人全都能為孩子們正面臨的壓迫發聲，加強他們反對童工、奴役制度、兒童販運與殺胎習俗等的聲浪，多少民眾的社會意識將因此跟著覺醒？這麼一來，所有的宗教大師及其信徒也將再次思考他們存在的用意，並意識到若缺少對兒童的關注和倡議，他們所做的一切不過是悖離教義之事，而非活出他們宗教的本質。

（二〇一二年八月）

註1：Janeu。聖線是一條由三股線擰成的細繩，爲印度教徒的成年禮，用以表示宗師收了學生，或是象徵進入印度教學校就讀。在印度傳統中，人類至少有兩次出生，初次爲肉體誕生，第二次則是受老師教導的知性誕生，給孩子戴聖線即爲第二次誕生，意味著在靈性世界中獲得新生進入更高的自我知識。

註2：the five Ks in Sikhism。一六九九年錫克教上師戈賓德・辛格（Gobind Singh）要求男性錫克教徒必須遵守的五種戒律，簡稱「5K」，包括蓄髮留鬍（Kesh）、帶木梳（Kangha）、戴金屬手鐲（Kara）、內穿棉質綁帶短褲（Kachk/ Kachera）、佩短劍（Kirpan）。

註3：Hadith。伊斯蘭教先知穆罕默德的言行錄，由後人所編，是伊斯蘭教僅次於《古蘭經》的第二聖典。

註4：Brahmacharya。印度教實行人生的四個行期：梵行期、家居期、林棲期與雲遊期；按照每個階段規定的義務，致力履行祭祀、祈禱、持戒及禁欲等，以求解脫。

註5：mahants。馬漢特泛指在宗教場所任職的宗教高階人士，如印度教或錫克教廟宇的總祭司或修道院院長等。

難道你沒看見在阿約提亞街道上乞討的小羅摩？

受拉金卡信託基金（Shri Ramkinkar Trust）的邀請，我這輩子第一次有機會參觀阿約提亞。在為期兩天的訪問中，我發現四個嚴重的矛盾。首先最主要的是，任何走過這古城巷弄的人都見證了建自阿瓦第（Avadhi）時期之古老建築的衰敗，它們訴說著自己的傷心往事。第二，長久以來珍惜自己為羅摩城公民的驕傲，並未使當地的純樸人民對非印度教徒心懷怨懟或憤怒。相反地，他們和信仰伊斯蘭教的園丁、教會神父或修道院院長，都保持著絕佳的兄弟情誼，大家的情誼也因習俗與工作分工的必要性而能不受拘束的持續發展。這種情誼在巴布里清真寺被破壞後的微妙情勢中仍未改變。當全國都充斥著互看不順眼和不信任的氛圍，且某些地方已爆發暴力騷亂時，阿約提亞和法扎巴德（Faizabad）的印度教徒和穆斯林不僅彼此守護以維持當地社區的平靜，還在各地發起非暴力遊行以傳播對和平的訴求。即使當地某些團體和組織已是劍拔弩張的狀態，兩社群的領導人仍能突破重圍，成功在阿約提亞找到和平的支持者。

第三，教育廣受窮人歡迎，阿約提亞—法扎巴德地區的識字率更因此提高至百分之七十。但這裡有個反常現象，比起男性高達百分之八十的識字率，女性的識字率僅有百分之六十。我認為問題的根源可追溯到以男性為領導人的羅摩王國（Ram Rajya），如果它是以女性為領導人的悉塔羅摩王國（Sita Ram-Rajya），那麼阿約提亞和法扎巴德現在很可能是另一種景象，我國的歷史甚至也可能因此不同。

第四且最特殊的經歷與羅摩神的出生地（Ram-janmabhoomi）和其上的廟宇（Ram Lalla）有關。妻子和我與幾個朋友出於好奇，去參觀了導致印度教徒社區和穆斯林社群之間關係惡化不睦的爭議源頭。由於工作領域涉及人權、童工和教育，我曾去過一百多個國家裡頭最危險的地方，其中包括受領土糾紛和內戰所擾，長期受聯合國維和部隊控制和監督的國家。但要走到據稱在羅摩神出生地上所建的寺廟（實際結構只是個臨時帳篷），我們卻必須通過更多關卡，少說也有五、六個安全檢查哨，完全不合常理。上千名武警部署在各角落，我們的手機、錢包、身分證、鉛筆等物都被扣押在警局，在五個地方被徹底搜身。更糟的是，走在用粗鐵條製成、像籠子般的行進道路上，我們根本不能掉頭。這麼多維安人員、武器及嚴格控管長達一公里路的陣仗，或許連羅摩的父親十車王（Dashrath）或羅摩王統治的時期都比不上。

離開後，我們滿頭大汗、又熱又渴，卻無法在哈努曼猴神廟（Hanuman Garhi）附近的甜品店或小餐館買水或喝茶，因為同事和我都抵制在使用童工的地方消費，也不買由童工製成的產品，但衣衫襤褸、看來楚楚可憐的童工卻幾乎無處不在。幸好我們最後找到一家由一位老人獨力經營的商店，在那裡喝了些涼水，但才一轉眼，我們的車就被一群小乞丐包圍，當中有印度教徒也有穆斯林。他們全都赤腳、衣衫不整、身形瘦弱。

這矛盾衝突的景象我一輩子都忘不了。一方面，你看到羅摩神廟裡的石像。羅摩離開自己的王國，聚集並組織受壓迫的部落，殺了擁有統治權、財富和知識力量的羅波那（Ravana），終結他的暴政。為了與低種姓族群建立相互尊重且平等的關係，羅摩自願靠乞討為生，貧窮地度過十四年。但另一方面，你卻看到羅摩神的後代被迫上街乞討或勞動。如果阿約提亞的孩子不是羅摩神的孩子，那他們是誰？

類似情景也出現在北方邦的德奧班德（Deoband），那裡頒布的伊斯蘭教教令（fatwas）總是無關緊要。在德里的賈瑪清真寺（Jama Masjid）或阿傑梅爾（Ajmer）蘇菲派導師陵墓（dargah）附近的巷道也是同樣光景。熔爐、工廠、商店老闆個個都以兄弟情誼為名，剝削無辜的兒童。在某次搶救兒童的突襲行動中，當地宗教領袖甚至散播謠言，說有些異教徒（kafirs）要把孩子從伊斯蘭學校劫走，害我們遭受暴力攻擊。不管是印度徒、穆斯林、佛教徒、錫克教徒或基督徒聚集的宗教場所，都仍有剝削兒童的情事發生，讓人悲傷的是，這些神職人員和信徒竟未能從這些孩子身上看到神。

如上所述，該為印度神廟和清真寺的爭端負責的不是阿約提亞的居民，而是舒服待在德里、勒克瑙、瓦拉納西、阿里格爾（Aligarh）、孟買等地的宗教領袖和政客，是那些宗教大師為了自身利益，到阿約提亞藉印度神廟或清真寺之名，操弄數百萬人的情感，甚而引起紛爭。他們眼中既沒有羅摩的孩子，也不在乎他們生長的地區。

如果那些像鸚鵡般複誦著杜勒西達斯（Goswami Tulsidas）的對句，口口聲聲說著「羅摩和悉塔遍布全地」（註1）的人，能在現實生活中做到最基本的敬神，我國今天不會有六千萬名兒童仍被剝奪教育機會，或落入童工與被剝削的境地，兩性比例也不會因墮除女胎而降至千分之九百一十八，不會有近七成的孩子被虐待，更不會有半數以上的女孩（註2）曾遭受過性剝削。

若各宗教導師都能利用信眾敬畏他們的力量，出聲制止對兒童的暴行，那麼我國很可能早已消除奴役、販賣兒童、墮除胎兒和文盲等污點。我們毋需懷疑：即使到了今天，宗教大師的信息和講道對其信徒所產生的影響力，依舊遠高於任何政府宣傳或社會倡議者為喚起公眾意識所做的努力。

（——二〇一一年七月）

註1：Siyaram may sab jag jani。印地語，意爲「羅摩和悉塔遍布全地」。

註2：daughters of Janak。遮那竭爲古印度毗提訶國約公元前八至七世紀的一位國王，之後在印度史詩《羅摩衍那》中出現，爲羅摩神之妻悉塔的父親，遮那竭的女兒們在此用來泛指所有女孩。

處於身分危機中的孩子

我的文章〈難道你沒看見在阿約提亞街道上乞討的小羅摩？〉引起些許迴響。正如杜勒西達斯在《羅摩功行錄》（Ramcharitmanas）中一針見血指出的那樣，人們依自身情感去感知神的示現（註1）。多數人習於從廟宇、清真寺、錫克廟、教堂、佛像、墳墓、石頭、樹木、專家、神父、毛拉、宗教典籍等處與神相遇，但有些人能從神的孩子身上看見神的示現。依我所見，孩子是最純真無邪、不帶偏見、雜質、透明而美麗的生命形態，他們真正體現了神性。不論這些孩子身處何種情況，是奴隸、乞丐、被迫賣身，或被恐怖分子逼得拿起槍枝犯罪，他們對我來說都是羅摩神的孩子、羅摩神的示現。

現在，讓我們來談談靈性加入社會層面後所衍生的宗教。宗教的基本元素包括：四海一家（註2）、願眾生得樂（註3）、眾人齊步同行（註4）、共創知識（註5）與共同分享（註6）。即便這一切被視為無可救藥的理想主義，但不可否認的是，在我們的宗教典籍、聖人佈道與傳統中，在在都充滿著對兒童的無限尊重與同情。

印度教認為孩子是神的化身。述說羅摩神和克里須納神故事的兒童劇是印度文化中不容置喙的一環。全國在九夜節期間和其他家庭或宗教儀式裡，都有敬拜青少女並供奉食物給他們的傳統。瓦爾那（種姓）制度（註7）一直都允許兒童接受平等且優質的義務教育，並讓青少年依據自身的興趣選擇職業。在古印度的教育傳統中，克里須納王子曾和貧困的蘇達瑪一同生活與學習，女孩也跟男孩受同樣的教育。而在聖經中，耶穌基督曾說：「先讓孩子到我這裡來。」表示不論是在原則或實踐上，人們都應優先關注兒童。不只基督教諄諄告誡人們要對孩子保有同情心，伊斯蘭教也不斷強調要關愛和同理兒童，即使它相信神無形體，也提到看到一個小孩天真地在母親膝上玩樂時的笑臉，就能讓人感受到神之光采。孩子據稱是真主阿拉最美的禮物。

現在，讓我們回頭看看現實。在九夜節期間敬拜女孩的團體，並不會因強暴了年僅一兩歲的無辜女童而羞愧。國內百分之五十三的兒童曾遭受某種形式的性剝削。正是那些聲稱願意為國家流血的愛國人士和宗教領袖，毫不猶豫地殺死了仍在母親子宮中的悉塔、莎維德麗（註8）、拉可胥米（註9）和帕爾瓦蒂（註10）。從母親膝上搶走上帝最美麗的禮物，並以低於牛隻價格賣掉的人，也正是那些不斷以宗教之名招搖撞騙之人。耶穌基督從未說過他優先接納基督徒的孩子，因為他平等地愛所有孩子。但以傳教和服務之名，勸人皈依基督教的宗教場所正在部落等落後地區強勢崛起。而在巴基斯坦、阿富汗和蘇丹，從兒童和青少年手中搶走書籍、筆記本甚至古蘭經，強迫他們拿起手槍和炸彈的人，也從不厭倦強調自己是在捍衛伊斯蘭教。

即使在今日的印度，仍普遍有用兒童獻祭的事例，舉個事件為例：約十年前，狄帕克（化名）被帶到「拯救童年運動」為童工所建，位於齋浦爾的力量之家。當時年僅六、七歲的他從阿傑梅爾（Ajmer）的茶攤被救出來，頭上因重傷而紮了繃帶。他也因心理創傷而無法與人溝通，只要一有人靠近，就會全身發抖。我們花了數年才漸漸治癒他的身心，並經大量調查後得知他的故事。狄帕克的母親生完他後就生了重病，正巧當時他們位於拉賈斯坦邦的村子也經歷了幾年乾旱。一位密教僧侶將過錯全推給狄帕克，說他是帶來厄運的瘟神，害得他飽受虐待。後來，這位僧侶甚至建議家人將他獻祭給杜爾迦女神，以此洗淨家族的罪惡，於是家人便在九夜節期間的某個午夜，將入睡後的狄帕克帶到偏遠山中的寺廟獻祭。當咒語唸畢、所有儀式都完成，屠夫正要砍斷狄帕克的喉嚨之時他醒了，刀一偏，只擊中他的額頭，但所有人仍以為他死了，紛紛逃離現場，直到隔天才有村民將受傷的他送到阿傑梅爾的縣立醫院。幾週後他出院，鄰近的茶館老闆看到他的無助，便收他為傭人。而當我們幾個月前終於找到狄帕克的家人時，他已在力量之家住了十年之久，還參加了六年級的能力測驗。但儘管經過無數次嘗試，他的家人、鄰居始終沒來帶他回家，只因他們仍盲目的相信那位密教僧侶。

人們常利用宗教和社群的名義剝削兒童。「拯救童年運動」去年在法院和警方的幫助下救出了一千零九十二名兒童，其中約六成是來自比哈爾邦和西孟加拉邦等地的穆斯林兒童，而他們的仲介和雇主也多為穆斯林。貧窮的家長容易相信利用社群關係，承諾教育和進步之人的虛情假意，導致之後得四處奔走尋找孩子。有時，無情的雇主也會像屠夫般殺死孩子。

莫隱這孩子就有類似的遭遇。在比哈爾邦馬杜巴尼縣（Madhubani）某村莊被綁架後，被一名叫卡利姆拉的仲介帶到自己在德里的手鐲工廠當童工的莫隱，幾個月前被殺時才不過十歲。卡利姆拉會把犯錯的孩子吊在吊扇上，或用裹在布裡的石塊毆打他們。有一次，覺得光是打還不夠，卡利姆拉把年幼的莫隱摔到牆上，導致他當場死亡。而他被匆忙掩埋、仍渾身是血的屍體，是在阿扎德普爾公墓（Azadpur cemetery）被年輕的清道夫給發現。我們歷經許多奮鬥，才順利以謀殺罪名起訴卡利姆拉。但可恥的是在事件發生三天後，當莫隱的母親和祖母，從馬杜巴尼趕來德里，與我、我太太與另兩位同事一起再次埋葬男孩的屍體時，突然有六名衣著打扮華麗、頭戴小帽的在地穆斯林領袖也現身在墓地。他們先是虛情假意地致哀，後來又極其狡猾地懇求莫隱的母親和祖母與他們同行，想用伊斯蘭教和穆斯林社群的名義來說服那個不斷因過分悲痛而昏厥的可憐母親，讓他們能掩蓋謀殺孩子的滔天罪行。

我很清楚，貧窮和受屈之人的心靈如鏡子般清澈透明。當穿著破舊紗麗和拖鞋，頭頂著小包袱的莫隱母親走近我們時，大家都濕了眼眶。只見她雙手合十地對那些宗教領袖說：

「你們已經奪走了我的兒子，還想從我們身上拿走什麼？」這才結束了他們的詭計。

我真想問：「當我們喪失了作為所有宗教基礎的悲憫時，我們怎能稱自己有信仰？」《羅摩衍那》書中說，折磨無辜者是最惡劣的罪行（註11）。但那些將宗教與悲憫看作兩回事，持續忽略無辜兒童所承受的暴行之人，也沒比罪犯好到哪裡去。當務之急在於打開我們的心靈之眼，看見「遍布全地的小羅摩和小悉塔」（註12），別對數百萬個仍處於危機中掙扎的孩子視而不見。

（——二〇一一年七月）

註1：Jaki rahi bhavna jaisi, prabhu moorat dekhi tinh taisi。印地語，意爲人們依自身情感去感知神的示現。

註2：Vasudhaiv kutumbakam。印地語，意爲四海一家。

註3：Sarve bhavantu sukhinah。印地語，意爲願眾生得樂。

註4：Sagachhadweim。印地語，意爲眾人齊步同行。

註5：Sam wo manaansi gyanataam。印地語，意爲共創知識。

註6：Sah nau bhunaktu。印地語，意爲共同分享。

註7：Varna system。印度教經典中解釋種姓制度的概念，其內涵主要見於《摩奴法典》等早期婆羅門教經典。該制度依原則區分四種主要不同的階層，即：婆羅門、剎帝利、吠舍、首陀羅，並明確規範彼此的義務與權利。

註8：Savitri。印度女神名，太陽神之女、梵天神之妻、女神薩拉斯瓦蒂的化身之一，象徵純潔。

註9：Lakshmi。印度女神名，吉祥天女，毗濕奴神之妻，象徵財富。

註10：Parvati。印度女神名，雪山神女，濕婆神之妻。

註11：Par peeda sam nahi adhamai。印地語，意爲折磨無辜者是最惡劣的罪行。

註12：Siyaram may sab jag jani。印地語，意爲「遍布全地的羅摩和悉塔」。

宗教與社會變革

拜那些只要有觀眾就會繼續蓬勃發展的電視頻道和廣告所賜，關於神明、宗教和瑜伽的市場推銷已達新境界。不時出現在電視上的某某大師、有神祕力量的瑜伽士或密教僧侶，早已從受大小病痛折磨或想尋找成功捷徑等敬畏神明的大眾身上吸走不少金錢。同樣地，公民社會也需要大量的專家、學者、專業委員會和說客。既然推動「社會改革」需要媒體報導，媒體也需要「社會改革」來充實內容，那麼，開放而嚴肅的討論宗教與社會改革這兩個信念之間的關聯性，是再自然不過的事。

宗教不為其他，而是為著讓社會裡的每個人都能獲得正義與更好生活的持續努力。靈性則是永恆不變的價值，為追求此價值才有宗教的努力。至於真神，則是使這些價值具有連續性、完整性與普遍性，可振奮人心、使人意志堅強的宇宙內在意識。關於神、宗教、靈性等主題的研究、發想、著作、辯論和討論遠遠超出其他主題。在各時代的各個角落，每個人以其獨特的方式與這些主題產生連結；但隨著思考、分析與深思熟慮的興起，差異、恐懼和混亂也跟著增加——或許後者比前者還多一點。

一方面，宗教及其領袖在歷史上發揮了使社會步入紀律、節制、文明、互助、有組織、且關注福利救濟的作用，但另一方面，宗教及其教義卻是在光譜的另一頭，建立在聖人對人類的大愛、仁慈、決心與犧牲之上。

隨著時間流變，對神的假設、解釋與定義，多已淪為服務恐懼、救贖、貪婪、自私、暴力、享樂主義、掠奪、精明、調解和集體歇斯底里的手段。

繼權利和金錢之後，組織化的宗教也成為人類社會分裂的主因之一。作為一套蓬勃發展的系統，它們是孕育乞討行為、宗師至上、迷信、偽善、種姓主義、種族主義、社會和性別不平等的溫床，其中不免罔顧了和平、平等、公義，甚至是人類的尊嚴與權利。組織化的宗教廣泛深入人們的物質、心靈與政治生活等層面，以至於宗教的本質，即真正的神與靈性，逐漸被人所遺忘。

宗教的基礎是靈性，靈性的精髓便是神性。但幾千年過去，一切已變得混雜不堪，以至於在實踐的層次上，不論是要將宗教與靈性分而視之或分析兩者的關聯性，也已變得非常困難。儘管如此，我們仍不能忽視宗教的存在，以及它對個人或社會的各種影響。必須徹底了解它們的真實樣貌，並在個人嘗試了解後，賦予其社會意義。這是條漫長的路，或者更好的說法是，這場奮鬥的旅程將不會以句點結束，而是以不斷的問號繼續展開。

我們與神的關係只存在於意識和經驗中，若要言傳或許會詞不達意；我們和心智與心靈（情緒）的關係則是另一種，因為人類的邏輯和情感思維是有限的。有人以哲學和本質論來接受神的存在，也有人以情感交託與奉獻（bhakti）來臣服於神。單靠人類的心智或心靈並不能體驗神的歡愉，但我們當然可以學習神的特質，努力打造一個有平等正義、包容而和平的新社會，並從中受益。

舉例來說，若神真的無所不在，那麼為何寺廟與清真寺，印度教徒、穆斯林和基督徒，婆羅門和達利特人，美洲人和非洲人，富人與窮人，男與女，雇主和勞工之間會存有分歧？

倘若祂並非真的無所不在，那麼它與獨裁者又有何異？

若神真是宇宙的創造者和正義的維護者，那麼掠奪自然、暴力、破壞、太空競賽、謀權、爭名奪利、和消費與生產上的資源分配不均等行徑，都將被視為違背神的旨意。但若神會選邊站，那祂還是不要存在比較好。依此類推，我們有必要以開放的心態來分析神性，並探索神性在現世的脈絡下代表著什麼。

現在讓我們來思考為了促成社會改革而做出的各種努力。自古以來，人類循兩線發展，一直有人發明新方法來滿足身體的舒適與便利，也一直有人努力在為了社會的正義、平等、和平而奮鬥。這兩條發展至今彼此交融，已很難將其分開。為什麼會這樣？內在原因是個人和社會價值觀的墮落；外部原因則包括資本與消費主義，政治野心與貪腐。但即使如此，印度和世界各地仍不斷有人以不同的形式在推動社會改革。

無人不知當今世道，政治幾已無法和追逐權力、財富與違法勾當脫鉤。貪腐、狡詐、瞎掰、吹牛、操弄社群議題和阿諛奉承業已成為玩政治的必要條件。但即使對這一切了然於心，社會運動也無法免於權力及其資源的誘惑。簡化的論調是，若沒有充足的資源與權力（或管理權），焉能實現永續的改革？就是這種方便的論述為多數倡議改革的團體構建了一個舒適圈。

因此，我們有必要說明非政府組織行動本身不斷變動的特性，與其所面臨的挑戰。一九八〇年代，國內還沒有「非政府組織」一詞。民間組織自發且普遍的努力多受甘地思想啟迪。許多文化、社會、宗教相關機構開辦社會福利救濟、解放婦女、解放達利特人等計畫，已是在國內行之有年的傳統。又如人們無需費力就能輕易在各地找到可供免費住宿的旅社、善心人士自發提供的水井、供人遮蔭的果樹、免費診所和慈善廚房等數量，也比前朝任何國王或領袖所提供的都多。這些行為既是信仰虔誠的表彰，也顯示印度社會一直都關注公共福祉，甘地式的社會改革嘗試也深受此影響。

一九七〇年代，年輕人用民主和各種創意來表達對政府暴政的不滿。為了重建民主，數百萬青年投入社會運動，促成政權轉移。雖然有些人在一九七七年開始從政，但仍有成千上萬名年輕男女決心不再返回大學和原本的工作崗位，轉而投入建立新的社會意識。有些人組成團體住進村子裡，在那裡試圖喚起公眾對平等和正義的意識，其他有些對政治體制失望的理想主義青年，則轉進山區和叢林，投入納薩爾主義的懷抱。有關環境保護、合宜的農村發展、以人為本的經濟政策，及包括婦女、達利特人、無工會的債奴、佃農、無地勞工、漁民、兒童等弱勢族群權利的辯論變得激進，促使國內產生許多非凡的組織和運動。但後來，在同樣的議題上逐漸有新型態的組織出現。

一九九〇年代，印度非政府組織的作為隨著外國資金、思路和做事方法的流入而起了巨變。西方國家在投入許多心力關注人權、發展、環境、婦女與兒童的同時，也制定了不少新定義與新詞彙，並藉此募集了高額的捐款和政府援助。此舉對包含印度在內的所有發展中國家都產生了影響，一種新的非政府組織文化隨著進口的詞彙、工作方法與資金一起在印度扎根。在這十年間，重點被放在發現問題、分析成因和使其成為公眾焦點之上，這使得媒體的特性也跟著改變，如關注人權、發展、環境等議題的新媒體流派也逐漸應運而生。

九〇年代末和兩千年初，非政府組織的焦點仍著重在透過倡議與運動來推動政府立法、執法，並施壓政府實施有關教育、醫療、就業、住房等福利計畫的傳統方法來解決問題。但過去幾年我們也逐漸意識到光是整理證據和比對成效並不足夠，我們必須立基於此去發展更新、更好、更能跳脫框架的解決方法。

不僅我國，世界各國都正忙著尋找能解決發展、市場、能源枯竭、環境保護、氣候變遷、人權等問題的替代方法。重點在於找到新的倡議方式。有鑑於此，非政府組織為自己在政府、國際企業與機構的決策過程中創造了一席之地，將創業家精神帶入社會領域的風氣正盛。

即便如此，非政府組織仍未能成功地使許多社會問題得到充分關注。雖然媒體和國外的慈善組織幫了我們不少忙，當中也有矛盾。我們無法確知哪天能解決這些問題，特別當這些問題牽涉到的是文化或制度性原因。另一方面，每天都有層出不窮的新問題，但每當新問題浮現，大量資金便匯集到那些問題上，今日許多組織和運動都是這種現象的產物。

總的來說，或許因便利而結合的社會運動和非政府組織文化就是我們今日俗稱的公民社會。即便是最有權勢的貪腐政客，至少也得每五年面對一次選民，容許他們對其追究責任。而工會領袖必須對工會成員負責；企業主必須對他們的消費者和股東負責。但一個公民社會的誠實或貪腐與否，究竟該向誰追究責任？試問有幾個社會公益組織對內實行了民主制度？又有幾個組織的財務狀況稱得上是公開透明？

這些非政府組織一旦從國外募得些許資金，或是利用新的傳播科技與媒體人脈招攬到一小群支持者（或有時是一大群），就開始夢想取得議會的席次。但看看那些過去曾為農民、勞工、達利特人、漁民、婦女、部落、環境、喪失家園、土地、貪腐等議題發聲的社會倡議者中，究竟有幾個人在主流政治中取得成功？幾乎一個都沒有。最後掌權的往往是那些利用達利特人、部落及少數民族等議題來操弄社群政治的人。

不是沒有重要的社會運動在推展某些議題。毫無疑問，支持這些運動的某些倡議家既誠實又敬業，但大部分的人都短視近利。尤有甚者，必須依賴外援的綁手綁腳，使得某些運動非常短命。相較之下，那些稍有成就或能面不改色吹噓自己成就之人，又把對某些議題的話語權佔為己有。他們用那些成功和專業的形象換來多年的好日子，坐飛機旅行至各處演講，或以專家之姿出現在社論節目，還稱自己是在倡議。

現在，我們迫切需要這些社會運動的領導人能集思廣益，並誠實的自我批判與分析。他們運動中動人的目標、口號和夢想確實保有深厚的人道價值與靈性。不論他們相信與否，平等、正義、團結、參與、非暴力精神、悲憫、寬容、熱愛自然等價值都在在反映了神性。失去這些核心價值，才是組織和運動在轉型後逐漸扭曲、變質、終至失敗的主因。

（——二〇一二年六月）

附錄

印度的足跡

文／朱永祥 微客公益行動協會創辦人

影迷朝聖——

如果你早已經看膩了以美國個人式英雄主義至上的好萊塢主流商業電影，不如試試來自印度的寶萊塢電影吧，無論是被譽為「印度的良心」國寶級演員阿米爾罕主演的《三個傻瓜》、《我和我的冠軍女兒》，或是以印度舞蹈開場的歡樂氣氛，逐漸帶出各階層嚴肅社會議題的《心中的小星星》、《披薩的滋味》、《救救菜英文》等，都是一部部讓我們可以重新認識印度，破除刻板印象的電影，而橫掃第八十一屆奧斯卡榮獲八項大獎的《貧民百萬富翁》更是膾炙人口。

而《史丹利的便當盒》一劇，則是描繪現今印度另一面的真實樣貌，主角史丹利是一名國小四年級的聰明孩子，總是對外宣稱自己的便當都是媽媽做的，但真相是他是一名孤兒，因為父母雙亡，因此成了餐館裡受虐的童工，他的便當全是餐廳裡賣剩的菜，劇中呈顯出嚴重的印度童工問題，貧窮及缺乏教育機會，兒童被迫工作或受控於人口販子手中。

歷史因素—

雖然種姓制度在印度已經立法廢除多年，但是在農村裡這個陰影依然挾制著這裡的人們，同時加上多數父母文盲的緣故，正好給了人口販子一個絕佳的機會，他們利用了農村善良純樸的一面，欺騙貧困家庭的父母，說只要將孩子交給他，就能讓他們的孩子到城市裡得到更好的教育，還可以在長大之後擁有一份好的工作和更好的生活，從此脫離世世代代貧窮的日子。更甚者以每個孩子五百元盧比（約新台幣兩百五十元）簽下孩子的賣身契，殊不知從那天開始孩子就再也沒有機會回家了。

而凱拉許所創立拯救童工的庇護所，正是現今微客設立於印度的服務據點。

微客志工在印度的足跡

微客志工們在他們設置的友善兒童村莊，陪伴著那些從不堪生活的工廠裡獲救的孩子們，讓他們接受教育，給他們一個重生的機會。在這裡可以聽到每個孩子的生命遭遇都是一則則令人鼻酸難受的真實故事。

服務期間直接住在隸屬於當地組織，為拯救出來的孩童所設立的庇護所中，在這裡志工和孩子們共同生活，每天早上庇護所的孩子會帶著志工們以瑜珈開始一天的作息，而每天最讓志工們期待的，除了為孩子們預備的課程之外，就是每餐和下午茶時必備的 Masala Tea 了，端著一杯有著印度獨特香料配上濃郁香醇的鮮奶熬煮的印度奶茶，陪著下課後的孩子們聚在一起打板球、放風箏、踢足球，或是被孩子們拉進廣場圈子裡，一起跟著音樂跳起寶萊塢電影中才會感受的印度式舞蹈，是每天最開心的時刻，從每個孩子的眼神裡，很難想像他們可能在不久前還生活在暗無天日的下水道、工廠的角落，或是每天受到酷刑的煎熬。

到了夜深人靜的時候，當大地都沉睡在只有滿天點點星光的夜空下，大夥們這時會聚在一起彼此分享每個孩子的心路歷程，同時在心中堅定地期許，我們的到來也許只是一個微小的力量，卻能為孩子們帶來偉大的盼望。

服務據點的他

每回在服務據點只要有志工或是孩子們生日的時候，庇護所裡一定會出現一位高大帥氣，身著白色麻質長袍，戴著黑色絲邊鏡框下有著一雙堅定卻慈祥眼神的長者，他就是微客多年來在印度合作組織的創辦人，同時也是二〇一四年諾貝爾和平獎得主凱拉許。

六十多年前這位出生於印度高階種姓的貴族，在他十一歲去學校讀書的路上，卻看到和他同年齡的孩子，跪在地上幫別人擦鞋，從那天之後在他的心中開始發出了怒吼，只為了想讓那群在印度因為種姓制度，一出生就是最低等級被稱為「不可碰觸的賤民」，應該生為人而平等四處奔走。在他十五歲的時候，因為他協助了一群賤民，村子的耆老為了懲罰他，要求放逐距離家鄉六百哩的恆河接受神聖之水的洗滌，他拒絕了這個荒謬的要求，於是他踏出了為打破種姓制度的第一步，改了家族給他高階種姓的姓氏，以一個新的姓氏出現在眾人面前，名為 Satyarthi，意思是「真理的追求者」，從那天開始直到如今，他和他的夥伴拯救了超過八萬五千名的童工，讓孩子們獲得重生的機會，脫離被奴役的輪迴。

榮獲諾貝爾和平獎的四個月後，因微客的邀請首度拜訪的地方就是台灣，並於二〇一八年十月再度訪台。

預備前往印度服務的微客志工們，有機會記得給凱拉許一個無私的擁抱吧，正如同他以無私擁抱了那群原本被遺棄賤民的童工們。

備註：

對許多人而言，因為媒體偏頗的新聞報導，印度的刻板印象停留在是一個到處都是性侵的地方，充滿著危險，實際上真實的印度並不是如此，這裡的人民熱情且好客，自古就擁有著獨立發展古老文明的文化底蘊，以搖頭之姿代表著同意的有趣異文化，對色彩配搭大膽組合的沙麗，巧妙地融合了印度教和伊斯蘭教的建築風格，成就了印度神祕且令人嚮往的國度。

在電影《享受吧！一個人的旅行》中的演員茱莉亞・羅勃茲，曾有句台詞是這樣說的：「人這一生，總要去一趟印度。」如果心中依然有著因為媒體報導下的印度而感到擔憂，卻抵擋不住想走一趟印度的渴望，潛意識裡又不想跟著旅行團的既定行程當個觀光客，那最好的選擇，就是跟著微客的服務一起踏上印度吧！

為孩子奮鬥的決心 Will For Children

作者　凱拉許．沙提雅提（Kailash Satyarthi）
譯者　程敏淑
編輯　李欣蓉
校對：魏秋綢、程敏淑、李欣蓉
木馬文化社長　陳蕙慧
副總編輯　李欣蓉
行銷部　陳雅雯、尹子麟、洪啟軒、余一霞、張宜倩
讀書共和國社長　郭重興
發行人兼出版總監　曾大福
出版　木馬文化事業股份有限公司
發行　遠足文化事業股份有限公司
地址　23141 新北市新店區民權路 108-3 號 8 樓
電話　(02)22181417
傳真　(02)22180727
郵撥帳號　19588272 木馬文化事業股份有限公司
法律顧問　華洋國際專利商標事務所　蘇文生律師
印刷　成陽印刷股份有限公司
初版　2020 年 10 月
定價　420 元

為孩子奮鬥的決心 / 凱拉許 . 沙提雅提 (Kailash Satyarthi) 作 ; 程敏淑譯 . -- 初版 . -- 新北市 : 木馬文化出版 : 遠足文化發行 , 2020.10

面； 公分

譯自 : Will for children

ISBN 978-986-359-828-2(平裝)

1. 童工 2. 勞動問題 3. 兒童保護 4. 人權 5. 印度

556.52　　109011088